탤 런 트

탤 런 트

TALENT

성과 높은 **인재**가 **시가 총액**을 좌우한다

램 차란, 아니쉬 뱃로 공저 | 신예용 옮김

비즈니스맵

한 지붕 아래에서 50년간 살아온 열두 형제와
사촌을 포함한 모든 가족에게 이 책을 바친다.
이들의 희생 덕분에
내가 정규 교육을 받을 수 있었다.
— **램 차란**

부모님 라리타와 나렌드라에게 이 책을 바친다.
— **아니쉬 뱃로**

"모든 조직에서 성장 전략의 초석으로 삼아야 할 책이다. 유례없는 기대감에 휩싸인 지금, 리더에게는 램 차란과 아니쉬 뱃로의 탁월한 전문성과 최고의 결과를 위해 유능한 인재를 개발하는 방법에 대한 지식이 필요하다. 믿을 수 없을 만큼 훌륭한 책이다!"

— **밥 스완** BOB SWAN, 前 인텔 CEO

"인재의 가치를 높이는 일은 언제나 제너럴애틀랜틱의 투자 프로세스와 성공의 핵심이었다. 아니쉬 뱃로와 램 차란은 인재가 회사의 목표를 달성하는 데 미치는 막대한 영향에 관해 오랜 시간 연구를 거듭하였다. 아니쉬와 램은 사실을 기반으로 한 데이터를 토대로 인재를 선택하고 운영하는 방법을 제시하여 운영 원칙을 한층 높이 끌어올렸다."

— **스티븐 데닝** STEVEN A. DENNING, 제너럴애틀랜틱 명예 회장

"성과가 뛰어난 인재를 영입하고 보유하는 일은 적절한 제품을 만드는 것만큼 회사의 성공에 중요하며, 앞으로 훨씬 중요해질 것이다. 《탤런트》는 검증된 데이터를 이용하는 접근 방식으로 적절한 인재를 발굴하여 고용하는 등 인재에 투자하며 성공을 준비하는 모든 이를 위한 훌륭한 지침서다."

― 페기 존슨 PEGGY JOHNSON, 매직리프 CEO

"인재 관리는 성공의 가장 큰 원동력이지만, CEO가 관리하기에 어려운 경우가 많다. 이 책은 모든 경영진을 변화시킬 인재 관리에 대한 통찰력을 제공한다!"

― 제키 레스 JACKIE RESES,
포스트하우스캐피탈 CEO,
스퀘어 및 야후의 前 CHRO

"램 차란과 아니쉬 뱃로는 인재가 기업 전략을 운영 현실로 바꾸는 엔진이라는 주장을 뒷받침하는 설득력 있는 사례를 제시한다. 6개 회사에서 해당 인재를 평가, 채용 및 관리하는 방법을 보여 준다. 기업 리더십은 시장 가치를 크게 늘리는 요소이며, 이를 확보하고 지원하는 방법이 이 책에 고스란히 담겨 있다."

— **마이클 유심** MICHAEL USEEM,
펜실베이니아대학교 와튼스쿨 경영학 교수,
《엣지: 10명의 리더는 어떻게 리드하는 법을 배웠는가?》의 저자

"인적 자본의 중요성은 아무리 강조해도 지나치지 않다. 아니쉬 뱃로와 램 차란은 강력한 팀을 육성하고 유지하는 일이 성장을 향한 야심을 키우는 회사의 우선순위 목록에서 높은 순위를 차지해야 하는 이유를 명확하게 보여 준다."

— **윌리엄 포드** WILLIAM E. FORD, 제너럴애틀랜틱 회장 겸 CEO

"아니쉬 뱃로와 램 차란은 인재를 통해 시가 총액을 늘리는 방법을 파악했을 뿐 아니라 실제로 어떻게 실행에 옮기는지 자세하게 설명한다. 인간의 능력은 시장 가치의 새로운 개척지며, 인재에 관한 아이디어·이야기 및 도구는 이해관계자의 가치를 높이는 데 몰두하는 모든 조직과 리더에게 매우 중요하다."

— 데이브 울리히 DAVE ULRICH,
미시간대학교 경영대학교수,
RBL 그룹 파트너

"장기적으로 기업에 투자하는 모든 이해관계자가 읽어야 할 리더 및 리더십 팀을 구성하는 원리가 이 책에 담겨 있다. 나는 30년 넘게 모든 리더의 주요 역할은 리더십 팀을 체계적으로 구성하는 일이라고 믿어 왔다. 아니쉬 뱃로와 램 차란은 이 방법을 누구나 학습할 수 있는 방식으로 훌륭하게 제시했으며 실천하는 리더라면 누구나 이 책에서 배운 가르침으로 장기적인 가치를 창출할 것이다."

— 타이어 타이거가라잔 TIGER TYAGARAJAN,
젠팩트 사장 겸 CEO

"우리는 너나없이 올바른 인재 확보에 관해 이야기한다. 하지만 다른 중요한 비즈니스 수단과 병행하려는 의도로 집중적으로 인재 전략 개발에 투자하는 사람은 거의 없다. 《탤런트》에서 아니쉬 뱃로와 램 차란은 이러한 현실을 직접 이야기한다. 이들은 인재 전략이 적절하게 설계되고 실행될 때 어떻게 게임이 변화되는지 밝힌다. 아니쉬와 램은 실제 데이터를 바탕으로 구체적으로 설명한다. 인재가 조직의 전반적인 재무 결과에 미칠 수 있는 직접적인 영향을 보여 준다는 점에서 이 책은 가치가 있다."

― **자니 테일러 주니어** JOHNNY C. TAYLOR, JR,
SHRM인적자원관리학회 회장 겸 CEO

"CEO, CHRO 및 '인재 은행'에 집중하여 시장 가치를 배가시키려는 정상급 임원이 반드시 읽어야 할 책이다. 아니쉬 뱃로와 램 차란은 실제 사례 연구와 모든 조직에서 인재를 가치 창출의 원동력으로 만드는 방법론을 설명하며 그 가치를 뚜렷하게 보여 준다."

― **캐롤 서페이스** CAROL SURFACE,
철학 박사, 메드트로닉 CHRO

"이 최근의 협업 작품에서 램 차란과 아니쉬 뱃로는 실질적인 기업의 사례와 방법론을 완벽하게 구성하고 제너럴애틀랜틱의 인재 전략 핵심 원칙을 강조함으로써 리더십 재능과 인적 자본이 어떻게 하나의 변수로 작용하는지 분석한다. 전략을 제대로 활용하기만 한다면 영구적이고 지속 가능한 사업을 형성하는 데 걸리는 시간을 단축할 수 있다."

— 케니 디피에트로 KENNY DIPIETRO,
세레벨테라퓨틱스 CHRO

목차

성과 높은 인재로
회사 가치를 높여라

램 차란

내가 아니쉬 뱃로를 알고 지낸 지도 어느덧 25년이 흘렀다. 아니쉬는 펩시코PepsiCO와 노바티스Novartis에서 인력 개발부 수석 임원을 지낸 뒤 TPG의 포트폴리오 회사사모펀드 회사의 특정 투자를 받는 회사에서 인재를 관리하고 있었다. 나는 업계의 핵심 원칙을 앞장서서 실천하는 그의 모습에 언제나 감명을 받았다. 그는 언제나 성과가 높은 임원급 인재를 발굴하고 육성하는 일이 사업에서 성공을 거두는 데 필수 요소라고 말한다. 인재를 키우는 인사 업무를 핵심 리더십 과 동떨어진 일로 치부하고 사일로^{조직 부서간에 서로 협력하지 않고 내부 이익만을 추구하는 현상}를 통해 처리하면 안 된다고 주장한다. 여러 분은 아니쉬의 말을 실제 업무와는 동떨어진 교과서에서 나 나올 법한 이야기로 치부할 수도 있다. 하지만 나는 여러 뛰어난 기업과 거래하며 아니쉬의 주장이야말로 강력한 혁신이 필요한 일이라는 사실을 깨달았다.

아니쉬는 가치 창출의 핵심인 인적 자본을 발굴, 모집, 지원함으로써 매년 감탄을 자아내는 성공 신화를 쌓아 갔다. 그는 오랫동안 쌓은 경험을 바탕으로 예측 불가능한 사업에서 성공을 거두려면 민첩하고 협력에 능숙한 인재가 전략보다 중요하다고 말한다.

얼마 전 나는 아니쉬와 저녁 식사를 했다. 나는 아니쉬에게 잭 웰치가 좋아하는 질문 하나를 던졌다.

"그래, 뭐 새로운 소식은 없나, 아니쉬?"

잭 웰치는 사소한 잡담을 나누기 위해서가 아니라, 최첨단 관리 시스템을 꿰뚫어 보고 새로운 기술과 관점을 접하기 위해 이 질문을 했다. 아니쉬는 내 의도를 간파하고

그가 어떻게 유명한 사모펀드 회사^{다른 기업의 지분을 얻거나 매입하는 일}

을 전문적으로 하는 회사인 제너럴애틀랜틱^{General Atlantic}의 인재 개발

을 혁신했는지 설명했다. 그는 적절한 자리에 성과가 뛰어

난 인재를 배치하여 평균을 훌쩍 뛰어넘는 성공을 거두었

다. 그의 회사가 거두는 탄탄한 투자 수익은 그의 방법론

의 가치를 강화시킨다.

아니쉬의 말 중에 특히 인상적이었던 점은 그가 포트폴리

오 기업에 대해 설명할 때 사용한 핵심 지표다. 오랫동안 투

자자와 다수의 사모펀드 회사는 우선순위로 EBITDA^{Earnings}

_{Before Interest, Taxes, Depreciation and Amortization. 기업이 영업 활동을 통해 벌어들인 현}

_{금 창출 능력을 나타내는 수익성 지표로서 '법인세 · 이자 · 감가상각비 차감 전 영업 이익'을 말한다},

즉 현금 흐름에 초점을 맞추었다. 많은 애널리스트와 기관

투자자들이 이와 같은 조치에만 신경을 썼기 때문이다. 하

지만 나와 대화를 나누면서 아니쉬는 시장 가치를 크게 늘

리기 위해 핵심 인재를 적재적소에 투입하는 작업 방식이

자신의 핵심 지표라고 말했다.

사모펀드 회사는 내부 수익률과 투자자에 대한 투자

자본의 배수를 검토하여 성과를 측정한다. 일류 회사는 약

2.5배의 수익을 목표로 삼으며, 5년 혹은 6년에 걸쳐 4배라는 높은 성과를 거두기도 한다.

아니쉬는 잠재력이 강한 CEO와 리더십 팀을 지원하는 방식으로 이러한 성과를 이루어 냈다. 인재야말로 이 방면에서 빼놓을 수 없는 요소다.

아니쉬는 제너럴애틀랜틱의 포트폴리오 중 한 회사에 대해 설명했다. 그 회사에 적합한 리더십 팀을 구성했더니 급속도로 사업이 성장하여 앞으로 4년에서 5년 동안 주주 가치가 4배 이상 증가할 것이라고 이야기했다. 그가 포트폴리오 기업의 인재 전략을 분석하고 개발하며 지킨 엄격한 프로세스가 가장 와 닿았다. 그에게는 제너럴애틀랜틱이 투자를 위해 세운 투자 논거를 뒷받침할 데이터 중심의 전략이 있었다.

그는 사업을 확장하는 동시에 회사 운용을 간소화하고 개선하기 위해 포트폴리오 기업의 리더십 팀과 긴밀하게 협력하는 방식에 대해서도 이야기했다. 적절한 자리에 성과가 뛰어난 인재를 배치하기 위해 검증된 치밀한 방법론을 사용했다. 회사의 조직원이라면 누구나 자신을 사업가나 기업의 주인으로 여기고 해야 할 일만 하는 것이 아니라 스스로 가치 배수를 만들어야 할 책임이 있다고 생각했다.

아니쉬는 CHRO^{Chief Human Resources Officer, 최고 인사 책임자}가 하는 일의 낡고 제한된 비전을 폭발적으로 발전시켜 가치 창출 프로세스의 원동력이 되도록 했다. 나는 혁신적이고 민첩하며 데이터에 주목하는 임원은 급변하는 시장의 흐름에 대응하여 실시간으로 결정을 내려 최고의 기회를 포착하거나 창출한다는 철학을 줄곧 지지해 왔다. 그는 이와 같은 나의 철학에 새로운 관점을 불어넣었다.

아니쉬가 평범한 최고 인사 책임자의 역할을 해체하고 최고 책임자 운영 매뉴얼을 재창조하는 자신만의 방법론을 설명하는 동안 나는 그의 비전을 조명하고 그 방식을 설명하는 책이 나온다면 어떨까 하는 생각을 하게 되었다. 그 책은 가치 창출 프로세스를 이해하기 열망하는 수많은 임원에게 도움이 될 것이라는 사실을 깨달았다.

2020년 초 예기치 못한 코로나 팬데믹이라는 재앙이 터졌다. 전 세계에서 경제 혼란이 발생했고 어느 때보다 그 여파가 컸다. 수없는 시행착오를 거쳐 확립된 기업 원칙마저 흔들리게 되었다.

하지만 셧다운은 미래 지향적이고 데이터 중심적인 리더의 핵심 역할, 아니쉬와 내가 이 책에서 설명하려는 방법론을 전개할 필요성을 선명하게 드러냈다. 탁월한 인재를 적절한 자리에 배치하는 일은 지금의 경제 위기를 헤쳐나가고 폐허 속에 감추어진 기회를 움켜쥐기에 가장 좋은 방법일지 모른다. 우리의 방법론은 매우 낙관적인 모델이다. 성장, 흥미로운 경영진, 영감을 불러일으키는 혁신을 중시하기 때문이다. 인재는 가치 창출자다. 모든 리더에게는 반드시 인재가 필요하다. 인재는 사업상의 기회와 사업 모델, 고객 확보 및 전략 실행에 영향을 끼친다.

누가 탁월한 실무진인가? 그들은 어떻게 극적인 효과를 발휘하는가? 그들의 모델은 복제 가능한가?

이 책에서 나는 4년에서 6년에 걸쳐 많은 경우 4배가 넘는 초대형 주주 이익을 달성할 수 있는 방법론과 관행을 소개할 것이다. 나와 아니쉬는 6건의 실제 사례 연구를 분석하고 모든 리더가 이해해야만 하는 핵심 교훈과 과제,

시행착오와 결과를 분석하여 방법론을 제시했다.

　사례 연구에 제시된 기업들은 다양한 성향을 보인다. 미국, 영국, 인도, 스웨덴에 본사를 둔 기업 중 몇몇은 국경을 넘어 국제적인 사업체를 보유하고 있으며 몇몇은 자국에서만 운영된다.

　여성 CEO가 이끄는 기업도 있고 남성 CEO가 이끄는 기업도 있다. 일부 기업은 초고속 성장을 이루었고, 한 기업은 방향을 전환했으며, 어느 기업은 막 합병을 마쳤다. 소규모인 기업도 있고, 일부는 중간 규모이며, 한 기업은 대규모다. 상황을 막론하고 각 기업은 가치 창출에 걸리는 시간을 단축하기 위해 인재 전략을 차용했다.

　이 책에 실린 시의적절한 분석은 주요 기업과 기업 이사회, CEO와 CHRO, 중간 경영진에게 조언한 나의 50년 경력의 핵심이다.

　우리의 6가지 사례 연구는 독자들을 여러 회사의 회의실 안으로 다양한 프로세스와 일상의 드라마 속으로 무엇보다 아니쉬의 사고방식으로 인도할 것이다. 독자들은 아니쉬가 파트너와 함께 문제를 진단하고 해결하는 방식을 배우게 될 것이다. 아니쉬와 그의 팀이 평가를 최대한 객관적이고 체계적으로 하기 위해 셀 수 없이 많은 인터뷰를 실시하고 철저하게 자료를 수집하며 200장 넘는 메모와 성과표^{scorecard}를 작성하는 모습도 보게 될 것이다.

아니쉬는 이와 같은 방법으로 오래된 관행, 타고난 직감, 추측을 뒤로 하고 운영 현실에 깊이 파고들었으며 탄탄한 수익을 거두는 데 장애가 되는 요소와 목적지에 이르는 데 필요한 변화를 밝혀냈다. 그의 프로세스는 독특하지만 충분히 배울 수 있다.

전통적으로 HR^{Human Resource, 인사팀}은 대부분의 기업에서 핵심 역할을 수행하지 않았다. 그동안 HR은 사일로 형태로 존재해 왔다. CHRO가 주인 의식을 갖추거나 전반적인 사업 수행 능력을 향상시키는 책임을 지는 경우는 거의 없었다. 이런 책임이야말로 아니쉬가 개발하고 적용하려는 혁신 프로세스의 핵심이다.

전국적으로 메디케어^{미국에서 시행하고 있는 노인 의료 보험 제도} 환자들을 치료하는 클리닉 체인을 구축한 초고속 성장 기업 오크스트리트헬스^{Oak Street Health}의 사례는 젊고 유능한 CEO

및 창업가가 치밀한 개발과 리더십 지원을 받아 어떤 이익을 거두었는지 보여 준다. 이 과정에서 그들은 미국 전역으로 뻗어 나갔으며 규모나 가치 면에서 몇 배로 확장되는 복합적인 회사를 운영하면서 부딪힐 수 있는 난관에 맞설 준비를 했다.

인도의 대형 슈퍼마켓 체인 비샬리테일Vishal Retail은 투자 당시 파산 위기에 있던 회사의 성공담을 들려준다. 비샬리테일은 뛰어난 CEO를 고용했을 뿐 아니라 그를 지지하는 뛰어난 리더십 팀을 구성함으로써 크나큰 성장과 성공의 길에 들어섰다. 아니쉬는 비샬리테일의 이사회에 멘토링과 진심 어린 지원을 아끼지 않았다. 철저한 연구를 거친 인재 업그레이드가 이끈 탁월한 재조정 사례라 할 수 있다.

디팝Depop은 흥미로운 전자 상거래 혁신 기업으로 국내 시장인 영국에서 뛰어난 성과를 거두었다. 하지만 사업을 세계로 확장하기 위해서는, 특히 미국에서 성공적으로 경쟁하겠다는 목표를 달성하기 위해서는 전폭적인 업그레이드가 필요했다. 이런 까닭에 우수한 역량을 갖춘

CEO가 주도면밀한 평가를 받았다. 또한 리더십 팀을 재구축하고 몇 가지 핵심 역할을 조정하는 등 문제를 관리할 수 있는 조직 개편에 착수하기 위해 아니쉬로부터 지원을 받았다.

아거스미디어Argus Media는 촉망받는 원자재 가격 및 에너지 시장의 지능형 회사로, 투자 당시 CEO와 회장 사이에 일어난 충돌로 혼란을 겪고 있었다. 실제로 다른 회사에서도 얼마든지 일어날 수 있는 상황이다. 이런 문제를 해결하기 위해서 최고 인재 책임자는 신중하고 객관적이며 데이터 중심적인 접근법으로 상황을 헤쳐 나가야 한다. 당장의 문제를 해결하기 위해서만이 아니라 3년에서 5년 내 필요한 사업을 구동하는 역량을 갖추기 위해서다. 마찰을 빚고 있는 CEO와 회장 중 누가 남고 누가 떠나야 할까? 당연히 장기간의 가치를 창출하여 뛰어난 성과를 거둘 능력이 있는 리더를 선택해야 한다.

스웨덴의 대표 온라인 부동산 중개 사이트 헴넷Hemnet도 투자 당시의 CEO를 평가하는 데 주의해야 한다는 사실을 보여 주는 사례다. 아니쉬는 현재의 CEO가 앞으로 회사를 확장하기에 적임자인지, 그렇지 않다면 비교적 좁은 시장에서 기술에 정통하며 성과가 뛰어난 인재를 새로 뽑아야 하는지 신속하게 판단해야 했다. 헴넷은 새로운 CEO를 지원하기 위해 구성해야만 하는 리더십 팀을 평가하고, 규모 확장이라는 압박을 견뎌 내기 위해 사업을 조정하는 방식에 대한 지침을 제공하는 사례이기도 하다.

앞서 언급한 모든 사례에서 우리가 얻은 중요한 교훈은 인재 방법론을 적용하는 것이 신뢰할 만한 가치 창출 요인이라는 점이 수차례 증명되었다는 사실이다. 아니쉬와 나는 이 책에서 인재 관리에 적용할 혁신적인 접근법을 이해하고 실행하는 일이 창조적인 전략을 개발하는 데 어떻게 도움이 되는지 설명할 예정이다. 이 방법론에서는 규율, 분석, 성과, 기하급수적인 가치 성장이 핵심이다.

아니쉬의 손에서 최고 경영진의 계획과 실행이 탈바꿈했다. CEO와 이사회의 컨설턴트^{기업 경영에 관한 전문 의견이나 조언을 하}^{는 사람}로 오랜 경력을 쌓으며 나는 종종 최상위 기업에 인재 문제의 우선순위에 대해 조언했다. 나는 이전에 쓴 여러 책에서 인적 자본의 역할을 강조하고 설명했다. 인재 발굴 및 육성은 가치 창출의 핵심 요인이라는 점에 반박의 여지가 없음에도 그동안 이 문제는 번번이 과소평가되었다. 하지만 인재 문제의 중요성을 바르게 이해하면 그 밖의 모든 일은 저절로 풀린다.

인재와 관련해 명심해야 할 점이 있다. 이 모델은 사모펀드 회사나 벤처 캐피탈 스타트업에만 해당되는 것이 아니다. 이들 기업이 다른 기업보다 새로운 인재나 시스템을 신속하게 받아들이는 유연성이 뛰어나다는 점은 부인할 수 없다. 하지만 유서 깊은 대규모 기업도 성과가 뛰어난 인재를 양성하고 성장을 지원하는 데 집중하면 시가 총액을 몇 배로 늘릴 수 있다는 사실이 입증되었다. 존슨앤존슨Johnson & Johnson을 다룬 장에서 자세히 설명할 것이다.

이 책의 독자는 CEO이거나 불안에 시달리는 최고 경영자일 가능성이 높다. 이 책의 전략을 공유하여 보다 높은 시장 가치를 거두기 바란다. 뛰어난 인재를 발굴하고 육성하는 프로세스는 새로운 시대에 필요한 강점이다. 이 책은 독자가 이러한 강점을 갖추도록 도울 것이다.

인재로
가치 창출의
엔진을 삼아라

윌리엄 포드 William E. Ford
제너럴애틀랜틱의 회장 겸 CEO

제너럴애틀랜틱은 고유한 방식을 적용한 선구적 성장주 투자 회사로서 기나긴 성공의 역사를 누려 왔고, 훌륭한 기업들을 구축함으로써 가치 면에서도 타의 추종을 불허하는 수익을 창출했다. 제너럴애틀랜틱을 설립한 사람은 과거 면세점 듀티프리쇼퍼스^{Duty Free Shoppers}를 공동 설립한 기업가이자 자선가인 척 피니^{Chuck Feeney}다. 척 피니는 1980년 제너럴애틀랜틱을 투자 법인으로 설립하여 비전 있는 창업자를 지원했으며, '환원' 능력을 배가하여 평생 쌓아 온 부를 기부한다는 사명을 달성했다.

척 피니는 1982년 공식적으로 자선 재단 애틀랜틱필랜스로피Atlantic Philanthropies를 설립했다. 척 피니가 유연성을 원하고 주변의 관심을 끌고 싶어 하지 않았기 때문에 애틀랜틱필랜스로피는 초반 15년 동안 익명으로 운영되었다. 38년간 지원금으로 1백억 달러 가까운 금액을 투자하여 전 세계 커뮤니티에 기회를 창출하고 보다 높은 공정함과 공평성을 이루었다. 척 피니는 과거에 "가치 있는 사명을 지원하는 행위를 함으로써 창출할 수 있는 혜택이 어마어마한 요즘 같은 시대에 더는 자선을 미루어서는 안 됩니다."라고 말한 바 있다. 이는 수많은 박애주의자에게 영감을 주었으며, 지금까지도 제너럴애틀랜틱의 '사는 동안 베풀기' 문화에 깃들어 있는 원칙이다.

전 CEO 겸 명예 회장 스티브 데닝Steve Denning과 부회장 데이브 호지슨Dave Hodgson을 비롯한 제너럴애틀랜틱의 창립 멤버는 기술의 힘과 어디에나 존재하는 그 잠재력을 굳게 믿는다. 제너럴애틀랜틱의 강점은 역량이 뛰어난 기업가 및 지도부와 제휴하고 유망한 글로벌 비즈니스의 규모를 확장시키며 혁신적인 제품과 새로운 시장, 무엇보다 사람에게 투자하는 것이다. 독특하고 긍정적인 철학인 동시에 수많은 이해관계자와 고객, 직원과 커뮤니티, 투자자를 만족시키는 지속 가능한 사업 성공을 일궈 내겠다는 약속이기도 하다.

제너럴애틀랜틱의 탄탄한 실적에도 불구하고 CEO인 빌 포드Bill Ford는 몇 년 전 자사의 강점을 상기하면서 우리가 훨씬 잘할 수 있다는 생각이 들었다고 한다. 그는 업계에서 한 오랜 경험을 통해 제너럴애틀랜틱의 포트폴리오 사업에서 가장 달성하기 어렵지만 무척 중요한 요소이며 그동안 여러 모로 과소평가되어 온 가치가 인재임을 깨닫고 이에 집중하겠다는 목표를 세웠다.

빌 포드는 여러 경우에서 포트폴리오 기업에 적합한 리더십을 구축하는 데 오랜 시간이 걸린다고 여겼다. 또한 기업이 적절한 구조를 갖추기 전에 리더십을 여러 번 바꿔야 하는 문제가 생겨 귀중한 시간을 낭비하고 수익이 감소한다고 생각했다. 데이터 역시 명확하게 그의 견해를 뒷받침했다. 빌 포드는 포괄적이고 데이터 중심적이며 짜임새 있는 접근 방식을 마련하는 데 투자하여 역량이 뛰어난 인재를 파악하고 평가 및 육성하며 그를 뒷받침할 문화를 지속적으로 조성하는 일이 이 문제에 관한 해결책이라는 결론을 내렸다. 빌 포드는 오늘날과 같이 험난하며 빠르게 변화하는 지식 경제 사회에서 인재야말로 가치 창출의 핵심 엔진이라는 사실을 수년간 이룬 성과를 분석하며 깨달았다고 한다. 그는 올바른 리더를 신속하게, 더욱 꾸준히 배치하는 일을 기업의 핵심 원칙으로 삼아야 한다고 주장했다.

빌 포드는 한 인터뷰에서 "특히 성장하는 회사의 경우 뛰어난 성과와 그저 좋기만 한 성공을 구별하는 가장 중요하고 유일한 변수는 인재라고 확신합니다. 예전에는 적절한 투자와 적정 가격 및 거래 구조를 유지하는 데 중점을 두었지요. 하지만 이제는 인재가 그 모든 것만큼이나 중요하다는 사실을 깨달았습니다."라고 말했다. 빌 포드는 자신의 말대로 인재를 찾아 나서는 전도사 같은 존재가 되었으며 일련의 구체적인 조취를 취함으로써 회사와 포트폴리오에 변화를 꾀했다.

오늘날 제너럴애틀랜틱의 인재 기능은 일을 하는데 필수적이고 포트폴리오 경영과 깊은 연관이 있으며 투자 가치 창출의 핵심이기도 하다. 회사 내 운영 파트너로서 하는 내 역할은 포트폴리오 회사가 우수한 경영팀과 이사회를 구축하도록 지원하는 데 온전히 집중하는 것이다. 빌의 후원 덕분에 가능한 작업이다.

나 역시 빌 포드와 마찬가지로 평생 리더십을 공부했으며 인재가 가치 창출에 미치는 영향을 직접 지켜보기도 했다. 나는 제너럴애틀랜틱에서 보낸 7년과 과거 TPG 캐피탈에서 경험한 6년을 포함해 사모펀드 업계에서 14년 넘게 일했다. 사모펀드에 입문하기 전에는 펩시코, 마이크로소프트^{Microsoft} 및 노바티스 등에서 일하며 전략적인 인재 관리가 다양한 업계 및 여러 기업에 미치는 일반적인 영향을 파악했다.

제너럴애틀랜틱에 합류한 지 몇 개월 만에 빌과 나는 '거래 성사 뒤 6개월 이내에 포트폴리오 기업에 적합한 관리 팀을 마련하라!'라는 장기 목표를 세웠다. 이는 대단히 중요한 첫 단계였다. 이후 나는 빌과 파트너와 협력하여 2016년 기념비적인 메모 시리즈에서 이 접근법을 체계적으로 정리했다. 우리가 '인재 수업Talent Playbook'이라고 부르는 이 모델은 철저한 데이터 분석, 일관된 방법론, 누구나 따라할 수 있는 결과를 기반으로 마련되었다.

빌 포드는 "우리의 포트폴리오 회사 내에서 리더십 역량을 구축하는 일은 우리가 하는 업무 중 가장 중요합니다."라고 언급한 바 있다.

'인재 수업'을 개발하기 위해 우리는 12년 동안 투자한 데이터를 훑어보는 일부터 시작했다. 그 결과는 놀라웠다. CEO를 교체하며 실수를 저질렀을 때 해당 거래의 평균 내부수익률은 처음부터 CEO를 제대로 교체했을 때에 비해 약 82% 감소한 것으로 나타났다. 또한 거래 첫해에 CEO 교체가 성공적으로 이루어졌을 때는 첫해 이후 교체했을 때보다 평균 내부수익률이 6배 이상 높아졌다. 적절한 리더와 경영 팀을 지지하면서 신속하고 강력하게 변화를 추진하면 탁월한 결과가 나왔다. 이 문제를 제대로 처리하지 못하면 큰 손해를 입을 수 있다.

투자 위원회에 제출하는 모든 거래 관련 문서에는 인재와 문화에 전적으로 할애한 페이지가 있다. 해당 페이지에서는 현재 관리 역량과 앞으로의 요구 사항, 이사회 구성 및 문화와 다양성에 관한 견해를 다룬다. 각 회사의 최고 임원 한두 명을 조사하고 각 조직을 철저하게 검토하여 리더십 팀, 회사의 조직 구성, 운영 리듬, 인재 시스템 및 직원 참여도를 충분히 이해한다.

우리는 합의가 끝나는 즉시 강점 영역과 잠재적인 개발 기회를 정확하게 파악하기 위해 경영진을 철저히 분석한다. 그런 다음 조사 결과를 종합하여 CEO가 공동 투자 논지에 맞는 인재를 발굴하고 전략을 개발하고 실행하도록 돕는다. 이는 제너럴애틀랜틱의 핵심 프로세스가 되었다.

인재 방법론의 까다로운 변수 중 하나는 기업의 현재 규모보다 훨씬 크고 복잡한 사업을 구축하고 관리할 임원을 찾아내는 일이다. 이 단계의 프로세스에서 특히 어려운 점은 현재 성과를 내고 있고 충실하며 인기도 많지만 여정의 다음 단계를 거치는 데 필요한 기술과 리더십이 없다고 판단되는 리더와 결별하는 일이다.

"성장형 CEO는 초기에는 조직에 도움이 되었지만 다음 단계의 성장에서 회사를 지원할 능력이 없는 사람들이 팀에 있다는 사실을 본능적으로 압니다. 창업 초기의 힘든 시기에 이들이 옆에서 당신이 버티는 데 큰 도움을 주었다면 이들과 헤어지는 게 유난히 힘들 수도 있습니다. 이런 사람들은 대체로 의리 있고 성실하고 일도 잘하지요. 하지만 이들이 다음 단계로 나아갈 준비가 되어 있지 않다면 회사에 최선의 이익이 되도록 행동하고 팀의 수준을 높여 회사가 성공할 수 있도록 해야 합니다. 이사회 책임자로서 이런 일을 지켜보면 마음이 편치 않습니다. 하지만 리더는 충성심보다 회사의 사명과 사업을 우선시해야 합니다. 힘든 결정이기는 하죠. 하지만 변화를 감수하지 않으면 성장이 저해되게 마련입니다. 위대한 성장형 CEO는 시속 50마일에서 60마일로 달리면서도 인재와 관련해 힘든 결정을 해야 할 때는 기꺼이 조직에 변화를 일으키려 합니다."라고 빌 포드는 말한다.

빌 포드는 자신이 성장형 리더에게 바라는 점은 시대

를 앞서가는 비전과 이를 확보하기 위한 전략을 갖추는 일
과 더불어 증가하는 규모와 복잡성을 관리하고 실행을 주
도할 뛰어난 리더십 팀을 구성하는 능력이라고 강조한다.

"위대한 사람은 리더지 관리자가 아닙니다. 리더는 사
람들이 스스로 가능할 것이라 상상하지 못한 지점으로 이
끌어야 해요. 관리자는 자원을 효율적으로 관리하고 긍정
적인 방향으로 회사를 발전시키죠. 진정한 리더는 이성적
인 목표를 세우지 않습니다. 달성할 수 없을 것 같은 목표
를 세울 때조차 이성적이니까요."

제너럴애틀랜틱이 인재 안건을 발전시키는 또 하나의
핵심 요소는 포트폴리오 전반에 걸쳐 요구 사항이 생길 때
참고할 수 있도록 성과가 뛰어난 경영진의 데이터베이스
를 구축한다는 점이다. 이 데이터베이스를 우리는 인재 은
행Talent Bank이라고 부른다. 우리의 역할은 치밀한 프로세스
를 거쳐 시장에서 재능 있는 경영진을 찾은 다음 그들의
배경과 목표에 대해 이야기하도록 이끄는 것이다. 우리의
파트너들은 인재 은행에 적극적으로 참여한다.

인재 은행을 유지하는 일은 시간이 많이 걸리고 무척

까다롭다. 우리는 4천 명이 넘는 경영진을 검토한다. 하지만 그 보상은 엄청나다. 우리는 주요 고위층 인사를 고용하기 위해 검색 전문 회사와 일하는 데 이 경우에 핵심 인재를 채용하는데 150일에서 160일이 걸린다는 사실을 알아냈다. 하지만 인재 은행 및 기타 경로를 통할 때는 이미 후보자들을 잘 알고 있기 때문에 불과 10일 이내에 핵심 인물을 채용할 수 있다. 이러한 전략 덕분에 제너럴애틀랜틱은 다양한 리더로 구성된 파이프라인을 구축하고 2018년부터 2020년까지 포트폴리오 전반에 걸쳐 여성 경영진 채용을 50% 증가시켰다. 또한 이사회에서 다양한 인재를 충원하도록 도울 수 있었다. 2021년 이사분기 말 기준, 제너럴애틀랜틱의 미국 이사회 사외 이사 중 52%가 다양한 구성으로 이루어져 있다.

검색 엔진의 영향력은 특히 경쟁이 치열한 인재 시장에서 두드러지게 나타난다. 2015년 인재 은행을 개설한 이후 제너럴애틀랜틱은 3년 만에 포트폴리오 전반의 30% 인력 배치를 우리의 네트워크에서 할 수 있었다. 2021년 1분기만 해도 채용의 62%를 우리의 인재 은행에서 했다.

뿐만 아니라 CXO^{Chief Experience Officer, 최고 경험 책임자} 및 이사회 이사를 채용하는 데 걸리는 시간도 2014년 평균 162일에서 2021년 1분기 평균 80일 미만으로 감소했다.

빌 포드는 인터뷰에서 이렇게 말했다. "우리의 프로세스에는 추진력이 필요했습니다. 인재 은행이 그 추진력이었어요. 인재 은행은 게임의 흐름을 바꾸었고, 회사의 실질적인 경쟁력이 되었죠. 아니쉬는 많은 상무 이사들이 자신을 믿고 따르게 만들었어요. 예전이라면 그들은 이렇게 말했을 겁니다. '투자처를 찾아 적절한 금액을 지불하고 적당한 구조를 만들어 목표를 이루는 게 가장 어렵지.' 하지만 저는 우리가 그런 요소들만큼이나 인재를 중요한 것으로 부각시켰다고 생각합니다. 이런 점이 우리가 기업에 제공하는 부가가치의 가장 중요한 부분입니다."

제너럴애틀랜틱은 우리가 투자하는 기업처럼 성장형 회사다. 빌 포드의 리더십 하에 회사는 눈부시게 성장했다. 관리 대상 자산이 2007년 120억 달러에서 2021년 650억 달러 이상으로 증가했다. 우리의 시각과 관심사가 넓어지자 빌 포드는 자카르타, 싱가포르, 베이징, 상하이,

멕시코에 사무실을 개업하여 국제적 입지를 더욱 넓혔다. 빌 포드가 강조하듯, 이는 그가 일을 시작했을 때보다 회사를 더 나은 상태로 유지하고 다음 지도자 아래에서 더욱 뛰어난 성과를 거둘 수 있는 준비를 단단히 하겠다는 목표의 일부다.

빌 포드는 설명했다. "저는 상무 이사들이 성공하도록 도울 수 있는 모든 일을 해내려고 노력합니다. 회사는 어느 한 개인보다 큽니다. 회사를 넘겨받았을 때 저의 임무는 회사를 더욱 우수하고 튼튼하게 만들어 다른 사람에게 넘기는 일이라고 여겼습니다. 늘 후계자에 대해 생각하고 있습니다."

빌 포드가 경영 전략을 조정하여 가파른 성장에 따르는 스트레스에 대처했다는 점도 중요하다. 그는 인재 수업의 근본 원리를 그대로 적용하고 과감한 조치를 취해 제너럴애틀랜틱 자체 파트너들을 평가 및 개발, 지원하는 방식을 바꾸었다. 빌의 리더십 아래서 제너럴애틀랜틱은 외부에서 고위급 인재를 효율적으로 채용하는 방법뿐 아니라 내부에서 인재를 잘 훈련하는 방식 또한 배웠다.

빌 포드는 말한다. "우리에게는 운 좋게도 아니쉬 같은 사람을 데려와 동화시키고 우리의 플랫폼에서 성공시킨 실적이 있습니다. 그런 일을 해낼 능력이 있다는 점에서 우리는 독특합니다. 지금도 경영 위원회나 리더십 팀의 60%를 국내에서 채용하지만, 40%는 외부에서 뽑는다는 점을 강조하고 싶습니다."

빌의 이런 주장의 이면에는 제너럴애틀랜틱의 철학에 대한 근본 진실이 있다.

"우리는 혼란을 기꺼이 맞이해야 합니다. 변화는 우리에게 힘을 실어 주는 지원군이니까요."

회사의 40주년을 기념하는 글에 빌 포드는 이렇게 썼다. '지난 40년 동안 우리 회사는 한결같이 기업가들이 세상을 바꾸는 일을 할 수 있도록 돕는 파트너 역할을 해 왔습니다. 글로벌 마인드와 성장 지향형 사고, 혁신과 창조성을 강조하는 태도와 같은 우리의 가치는 지금처럼 계속되어 우리가 내리는 결정을 이끌 것입니다. 앞으로도 우리 회사와 포트폴리오 기업, 자본 파트너, 보다 광범위한 사회를 지원하는 데 전념하겠습니다. 앞으로도 40년 이상

꾸준히 성장하고 발전하여 앞으로의 과제를 함께 해결해

나가고자 합니다.'

TALENT

TALENT

잠재력이 강한 CEO가 75배의 매출 성장을 이룬 비결은?

오크스트리트헬스
OAK STREET HEALTH

2015년 어느 날 아침 나는 코네티컷 그리니치에 있는 제너럴애틀랜틱의 회의실에 일찌감치 도착했다. 나는 제너럴애틀랜틱에 입사한 지 몇 달 되지 않아 사무실에서 낯선 얼굴을 마주하는 데 익숙했다. 내가 회의실에 가장 먼저 도착하긴 했지만 이내 삼십 대 초반인 젊은 남자가 따라 들어와 자기소개를 했다. 그의 이름은 마이크 파이코츠 Mike Pykosz로 메디케어 환자 치료에 초점을 맞춘 오크스트리트헬스의 CEO였다. 그는 급속한 성장과 랩어라운드케어wraparound care, 미국의 돌봄 시스템를 위한 야심찬 목표를 세우고 있었다. 마이크 파이코츠와 오크스트리트헬스를 공동 창업했으며 최고 운영 책임자이기도 한 제프 프라이스Geoff Price는 잠재적인 투자에 대해 논의하기 위해 그 자리에 참석했다.

마이크와 나는 악수를 하고 커피를 따른 다음 대화를 나누기 시작했다. 마이크 파이코츠는 곧 진지한 태도를 보이며 제너럴애틀랜틱에서 본인을 이 회의에 참여할 수 있게 해 줘서 기쁘다고 말했다. 당시 나는 인재 전략과 리더십에 관여하는 고위급 경영자이긴 했지만 정확히 말해 투자 책임자는 아니었다. 마이크 파이코츠는 "당신과 일하고 싶습니다."라고 말하고는 회사의 경영진과 클리닉을 인재로 채우고 올바른 리더십과 인센티브를 제공하는 일이 가장 긴급하다고 설명했다. 이는 투자자에게 우수한 가치를 제공하고 고령 환자를 위해 탁월한 의학적 결과를 제공하겠다는 오크스트리트헬스의 약속을 실현하는 데 필수적이었다. 그는 이 중대한 전략 목표에 전문적인 지원이 필요하다는 사실을 알고 있으며 나의 조언을 무척 듣고 싶다고 말했다.

나에게는 마이크의 말이 그와 오크스트리트헬스에 대한 매력적인 소개 문구로 다가왔다. 창업자 세 사람 모두 총명하고 유능했으며, 2년 넘게 새로운 벤처 기업을 운영하며 제법 만족스러운 성과를 거두었다. 하지만 얼마 지나지 않아 나는 그들의 강점이 실질적인 운영보다 컨설팅에 있다는 점을 알게 되었다. 이들 모두 보스턴컨설팅그룹 Boston Consulting Group 출신이었기 때문에 사업상 경험은 탄탄했지만 실제로 사람이나 회사를 관리하는 데는 경험이 부족했다. 특히 노년층을 위한 의료 서비스 업계라는 복합적인 맥락에 대해서는 더욱 그랬다. 나는 이들이 목표를 이루기 위해 무엇이 필요한지 제대로 알고 싶었다.

제너럴애틀랜틱의 거래 담당자들은 예전에도 이 창업자들을 만난 적이 있고, 우리의 투자 전문가 중 몇몇은 오크스트리트헬스의 초창기 발전 과정을 지켜보기도 했다. 세 명의 사업가는 2012년 오크스트리트헬스를 설립하고 2013년 시카고 노스사이드에 노년층을 위한 최초의 클리닉을 열었으며 이듬해 제너럴애틀랜틱과 몇 차례 토론을 거쳤다. 오크스트리트헬스 그룹은 헬스 케어 공간을 잘 이해하고, 적절하게 사업의 규모를 확장하면 대규모로 성장할 가능성이 있다는 사실을 알고 있었다. 오크스트리트헬스의 리더십 팀과 팀의 데이터 중심 계획은 회사를 지켜보던 기업의 투자 파트너이며 의료 서비스 업계에서 독보적인 지식과 경험을 갖춘 로버트 버호프^{Robbert Vorhof}의 관심을 끌었다. 로버트 버호프는 환자보호및부담적정보험법 ^{Affordable Care Act}이 의료 서비스 시장에서 커다란 기회를 창출하는 방식을 탐구하고 분석했으며, 유망한 투자를 모색하고 있었다.

의료 서비스 기업은 종종 지불자 공간이나 서비스 제공자 공간에 초점을 맞추기는 하지만, 둘 다에 초점을 맞추지 않는다. 오크스트리트헬스는 시스템의 양쪽 측면 모두 중요하다는 혁신적인 기업 문화를 창조했으며, 환자 만족도 및 결과를 급격히 개선하고 있었다. 오크스트리트헬스는 메디케어에 등록된 노년층 환자와 메디케이드^{65세 미만} ^{의 저소득층과 장애인을 위한 미국의 국민 의료 보조 제도}에 이중으로 등록된 많은 사람을 위해 전국적으로 1차 진료 클리닉 체인을 구축할 계획이었다. 대체로 소득이 매우 낮고 건강상 문제가 많으며 그중 다수가 만성적인 소외 계층이었기 때문에 우리에게는 하나의 도전이었다. 이 그룹에 속하는 대다수는 오랫동안 제대로 된 의료 서비스를 받지도 못했다.

오크스트리트헬스의 모델은 철저하고 우수한 예방 관리와 손쉬운 접근, 만성 질환에 대한 신뢰할 만한 치료를 제공하여 입원 횟수 및 기간을 줄이는 동시에 급속도로 증가하는 대규모 노년층 인구에 대한 치료 결과를 개선한다. 오크스트리트헬스의 전략은 의료 서비스 제공자, 지불자, 환자 본인의 관심사를 조정함으로써 간과된 사회적 목적을 실현하고 많은 사람의 삶을 질을 크게 높였다.

이와 같은 투자 논거를 달성하기 어려울 수도 있지만 오크스트리트헬스의 창업자들은 예사로운 사람들이 아니었다. 로버트 버호프는 이들을 세 명의 'A급 선수'라고 부른다. 세 사람은 한동안 알고 지냈고 함께 일했으며 서로 간에 깊은 신뢰와 존중을 쌓았다. 덕분에 이들은 효율적인 팀을 이루어 각자의 능력을 증폭시켰다. 모두 하버드대학교 졸업생으로 마이크는 법대, 제프는 경영 대학원을 졸업했고, 그리핀은 의과 대학에서 레지던트 과정을 마쳤다. 이들은 분석력이 뛰어나고 시장을 속속들이 파악했으며 복잡한 사업을 효율적으로 관리하는 법을 배워야 한다는 사실도 잘 알고 있었다.

하지만 전국 규모로 신속한 확장을 하기 위한 회사의 계획이 흥미롭긴 했어도 아직 그 가능성이 증명되지는 않은 상태였다. 우리가 처음 던진 질문은 다음과 같았다.

'이들에게 클리닉을 위한 모델을 운영하고 계획한 대로 아이디어를 확장해 나간 경험이 있는가?'

로버트 버호프는 모든 것이 실행, 그것도 아주 정확한 실행에 달려 있다는 사실을 깨달았다. 그리니치에서 열린 회의에서 프레젠테이션을 듣는 동안 나는 인재가 가치를 창출하는 데 결정적인 역할을 한다는 로버트 버호프의 논리를 이해했다. 이들의 전략에는 여러 주에 걸쳐 클리닉을 구축하여 직원을 채용하고, 엄격한 기준에 맞추어 훈련하며, 일관된 서비스 품질을 유지하고, 엄격한 통제 및 준수 과정을 확립하고, 이 모든 과정을 모니터링하면서 지불자

^{보험 회사}와 소통하는 일이 필요했다. 의료 업계의 보수적인 운영 모델에 얽매이지 않는 직원들이 필요했다. CEO 마이크 파이코츠의 비전 아래 직원들에게 동기를 부여하는 내부 문화도 필요했다.

인재 전문가들은 끊임없이 경험의 중요성을 검토한다. 우리는 구직자나 현직 임원에게 충분한 경험이 있는지, 적절한 경험이 있을 경우 이를 어떻게 개발하고 심화하도록 도울 수 있는지 자문한다. 미래를 꿰뚫어 보면서 리더들에게 한 번도 접하지 못했을 장애물을 헤쳐 나간 경험이 있는지 파악하려 애쓴다. 오크스트리트헬스와 관련된 우리의 주요 관심사는 규모 확장 과정을 관리하는 회사의 역량을 측정하는 데 있었다. 이는 오크스트리트헬스가 당시 매출인 1,300만 달러를 관리할 능력이 있느냐의 문제가 아니었다. 1억 달러, 심지어 5억 달러 기업을 다룰 수 있는가 하는 문제였다.

처음부터 마이크 파이코츠가 제너럴애틀랜틱에서 자본만을 원하지 않는다는 사실은 분명했다. 그는 의료 서비스 업계 및 내부의 전략에 관한 지원과 더불어, 리더로서 성장하며 회사가 민첩한 인재 기반을 개발하기를 원했다. 또한 그의 비전 아래 모든 이를 연계하기 위한 적절한 인센티브 시스템을 고안하여 모두가 뛰어난 성과에 대해 장기간에 걸쳐 정당하게 보상받도록 할 수 있는 방법에 관해 조언을 듣고 싶어 했다.

창업자들은 그들이 몸담은 시장의 데이터와 역동성 및 위험성을 잘 알고 있었다. 그들이 일하는 클리닉과 담당한 환자, 진료 모델의 강점과 혁신을 뒷받침하는 증거, 필요한 품질 관리와 규율에 대해 열정적이면서도 명쾌하게 설명했다. 그들은 환자 확보의 어려움을 충분히 이해했다. 우리는 오크스트리트헬스가 모델로 삼은 경제학 논리가 전통적인 1차 진료 기관에 비해 유리하다는 사실을 알게 되었다.

오크스트리트헬스의 창업자들은 몇 가지 핵심 목표가 충족되지 않았다는 사실을 잘 알고 있었다. 예를 들면 일부 핵심 인구 집단 건강 관련 툴로 아직도 엑셀을 사용했다. 이를 개선하려면 자체 추적, 보고 및 관리 모델 프로세스를 위한 디지털 시스템을 개발해야 했다.

마이크 파이코츠에게는 회사가 제공하는 진료의 개념에 대한 확신이 있었다. 이 확신이 그의 이야기에 설득력을 더했다. 그린위치에서 진행된 세 시간의 회의가 끝날 즈음 나는 막대한 배수의 가치를 창출할 기회와 그 문제점을 동시에 파악했다. 나는 그동안 확인한 사항을 검토하면서 머릿속에서 몇 가지 요점을 정리했다. 마이크 파이코츠는 뛰어난 분석 능력과 기회를 포착하는 데 필요한 데이터 통제력을 보여 주었다. 정보와 지식을 향한 진정한 갈망을 드러냈고 자신의 리더십에 대한 지원을 간절히 원했다. 핵심 성과 지표를 추적하는 자료도 현명하게 활용했다. 초기 환자 확보 결과는 긍정적이었다. 휴매나Humana에서 운영 품질과 환자 치료 결과에 대한 훌륭한 참고 자료도 얻었다.

나는 회의가 끝나고 우리가 나눈 대화를 되새기며 마이크 파이코츠를 CEO로 지지할 수 있는지 곰곰이 생각해 보았다. 그러고는 그의 운영 경험이 제한적이기는 하지만 리더로서 성장할 잠재력과 역량에 승부를 걸어 보기로 했다. 이 과정의 일부로 마이크의 주요 강점과 기회를 마련해야 할 영역에 대한 생각을 정리하고 데이터 지수를 종합하여 경영진이 회사의 규모를 확장할 역량을 증명했는지 자문했다. 이 경우, 운영 집약적이고 복잡한 조직이라는 문제가 있었다. 우리가 감수해야 할지 모르는 위험의 정확한 본질을 파악하여 필요하다면 이를 완화할 수 있는지가 중요했다.

생각을 정리하고 난 뒤 나는 다음과 같이 요약한 평가서를 로버트 버호프와 공유하고, 마이크 파이코츠가 계획에 따라 성공적으로 회사의 규모를 확장할 수 있을 것이라 믿는다고 이야기했다.

실적: 마이크 파이코츠는 초창기부터 오퍼레이터^{운영자}로 일했다. 그와 몇 차례 사업에 대해 이야기한 뒤 초기 예측을 뛰어넘는 성과를 달성한 실적이 있음을 알게 되었다. 분만 아니라 마이크와 공동 창업자들은 보스턴컨설팅그룹에 있었을 때 모두 뛰어난 실력을 발휘했고 경력 초기에 발전을 보인 사실도 입증되었다.

전략적 사고: 나는 마이크 파이코츠의 전략적 사고와 명확성, 다양한 각도에서 문제를 점검하는 능력을 높이 평가했다.

그는 승부욕이 강했고 회사를 차별화할 방법을 찾는 데 몰두했으며 분석적이고 자신이 몸담은 시장에도 정통했다.

하지만 소매 및 마케팅 분야의 모델에 대해서는 배울 점이 많아 보였다. 이는 끈기 있는 기업 인수와 직접적인 연관이 있다.

학습 민첩성: 나는 마이크 파이코츠의 자기 인식과 자기 비판적 태도에 박수를 보냈고, 열정과 배우고 성장하려는 욕망을 추진력으로 삼아야 한다고 강조했다. 마이크는 도움이 필요하다는 점을 솔직하게 인정한다는 면에서 최고의 성과를 내는 대부분의 CEO가 갖춘 자질을 드러냈다.

결과를 향한 추진력: 나는 마이크 파이코츠가 야망이 있고 성장 욕구가 강하며 앞으로 도전적인 목표를 세우고 리더십 팀이 능력을 발휘하도록 동기를 불어넣는 표본이 될 것이라는 데 주목했다. 마이크는 사업 성과를 면밀하게 추적하기 위한 데이터 및 측정법 또한 중시했다.

팀 리더십: 마이크 파이코츠는 매출이 가파르게 상승했지만 회사에 우수한 인재를 유치하는 일이 중요하다는 사실을 알고 있었다. 사업이 확장됨에 따라 그는 리더십 팀에 권한을 부여하고 공유된 솔루션을 활성화하는 면에서 어려움을 겪게 될 것이다.

변화를 관리하고 갈수록 커지고 성장하는 조직 체계를 통해 결과를 이끌어 내며 현장에서 실행하는 능력도 점검받을 것이다. 운영 경험이 풍부한 경영진을 영입하면 리스크가 줄어들 것이다.

> **대인 관계 영향:** 나는 마이크 파이코츠가 타인의 말을 잘 듣고 다양한 사람과 신뢰를 형성하며 효율적으로 소통한다는 점을 알게 되었다. 또한, 사업에 대한 이해력이 뛰어나고 영향력 있는 지점을 파악하여 파트너십을 구축한다는 사실을 높게 평가한다.

나는 마이크 파이코츠와 제프 프라이스가 오크스트리트헬스에서 강력한 전략적·상업적 수완을 발휘했지만 우리의 투자 목적을 달성하기 위해 한 팀으로 일하며 보완할 수 있는 운영 리더가 필요하다는 결론을 내렸다. 마이크도 이 점을 알고 있었다. 농구를 즐기면서 자란 그는 농구를 통해 팀의 강력한 정신력과 보완의 기술이 승리에 있어 얼마나 중요한지 배웠다고 이야기했다. 리더십 팀에 대한 그의 신뢰는 두 공동 창업자를 동등하게 대우하는 방식에도 반영되었다.

마이크 파이코츠와 함께 일하면서 그가 하나의 운영

패턴에 얽매이기보다 대안을 고려하는 것을 선호한다는 사실을 알게 되었다. 그는 리더로서 철저하게 이성적이고 데이터 중심적이었다. 하지만 자신의 역할에 대해 인간적인 접근을 포용했다. 사람들이 그의 비전을 따르도록 설득하기 위한 호소력 있는 서사를 구축하면서 끊임없이 균형을 추구해야 함을 받아들였다. 당시 오크스트리트헬스는 약 1,300만 달러라는 매출을 올렸고, 일부 사모펀드 기업과 투자 자본이 있는 기타 의료 서비스 베테랑인 '천사' 그룹에게서 자본을 지원받았다. 제너럴애틀랜틱은 2015년 12월 영향력 있는 소액 지분을 인수했다.

희망찬 출발이었지만 투자 업계에서 번번이 발생하듯이 우리는 금세 장애물에 맞닥뜨렸다. 투자한 지 불과 몇 달 뒤 오크스트리트헬스는 우리에게 환자 등록 예상치를 채우지 못했다고 보고했다. 충격이었다. 환자 등록은 수익의 원동력이었으며 등록 감소는 그들의 모델에 대한 잠재적인 의문을 불러일으켜 재정을 악화시킬 수 있다. 우리가 투자한 뒤 첫 보고 기간에 생긴 일이라 우려가 더욱 커졌다. 그들이 시장을 잘못 판단한 걸까? 실천 방법이 너무 약했나?

　　로버트 버호프는 마이크 파이코츠에게 문제를 분석하고 무엇이 잘못되었는지 평가하여 앞으로 진행할 계획을 수립해 달라고 요청했다. 마이크는 즉시 작업에 착수하여 오크스트리트헬스 리더십 팀의 지적 능력을 새삼 증명했다. 그는 데이터를 수집하고 무엇이 문제였는지 파악하고 이를 해결했다.

　　등록률은 다시 높아졌고 오크스트리트헬스는 환자들의 다양한 요구에 대처할 프로그램을 시행했다. 예를 들어 약 40%의 환자는 메디케어와 메디케이드 모두의 수혜를 받을 자격이 있었고, 평균 수익이 1년에 21,000달러 이하였다. 예상대로 대다수가 65세 이상이었다. 80% 이상의 환자에게 고혈압, 당뇨병, 울혈성 심부전, 만성 폐쇄성 폐질환 등 두 개 이상의 만성 질환이 있었으며, 평균 7.2개의 약물을 복용하고 있었다.

　　궁극적으로 오크스트리트헬스의 성공은 임상 치료 모델과 더 낮은 비용으로 더 나은 결과를 제공하느냐에 달려 있었다. 세 공동 창업자는 환자들에게 보다 나은 결과를 제공하기 위해 지속적으로 치료 모델을 평가하고 확실하게 개선하기를 원했다. 이들은 표준화된 치료 규약을 만들었으며, 이 규약은 클리닉과 개업의들에게 유포되어 최고의 진료를 제공하는 데 중점을 둔 문화를 조성했다. 하지만 이를 계속 유지하기 위해서는 의료진을 대상으로 한 강력한 교육 프로그램뿐 아니라 최고의 성과를 내는 인재를 모집하는 일이 필요했다.

초창기 오크스트리트헬스는 행위별 수가제fee-for-service를 기반으로 클리닉을 운영했다. 하지만 나중에는 함께 일하는 다수의 보험업체가 환자 대부분에게 정액을 지불하여 비용을 절감함으로써 수익을 거둘 기회를 제공하는 위험 기반 모델로 전환했다. 이 경우 치료 비용이 예상치를 초과하거나 미흡하거나 부적절한 치료로 결과가 목표를 벗어날 경우 손실 위험에 직면한다. 이 모델은 오크스트리트헬스가 일관된 고품질의 예방 치료와 신속하고 대응력 있는 치료를 제공하며 응급 상황을 제한한다는 면에서 이점이 있었다. 또한 번번이 소외되는 인구 전반의 건강 상태를 개선한다는 점이 인센티브로 작용했다. 오크스트리트헬스의 모델은 극심한 스트레스와 불평등으로 가득 찬 의료 시스템에 큰 보탬이 되었다. 이처럼 긍정적인 목적의식이 오크스트리트헬스의 문화에 배어 있다.

오크스트리트헬스의 주요한 성과 중 하나는 환자의 입원을 반으로 줄이고 응급실 방문을 절반으로 줄인 일이다. 입원 뒤 30일 이내 재입원율도 35% 줄었다. 이 과정에서 고객 추천 지수[NPC] 90%라는 독보적인 경험도 쌓았다.

오크스트리트헬스가 더욱 성공하기 위해서는 사업 부분이 탁월한 모니터링과 기록 보관, 정교한 기술을 적용한 조정된 기능에 맞추어 동기화되어야 했다. 오크스트리트헬스가 확장되면서 클리닉을 늘리고 새로운 직원을 채용하여 교육을 해야 하는 등 중간 관리진과 고위 경영진의 부담이 높아지는 상황에서 작업을 진행해야 했다. 정교한 기술을 적용하는 일이 모든 목표에 도달하기 위한 핵심이었다. 우리는 기술 강화를 위해 마이크 파이코츠가 우수한 CIO[Chief Information Officer, 최고 정보 책임자]를 고용하는 일을 도왔다.

복합적이고 다각적인 계획을 빈틈없이 실행하는 일이 관건이었다. 효율적인 실행을 위해서는 숙련된 운용 관리가 필요했다. 여러 주로 뻗어 나간 수십 개 이상의 클리닉에서 배우고 따라할 수 있어야 했다. 피할 수 없는 문제와 실패에 신속하고 유연하게 대처해야 한다는 점도 항상 경영상의 과제였다. 회사가 빠르게, 또 지속적으로 성장했기 때문에 하나의 결정이 사업에 복합적인 영향을 끼쳤다. 오크스트리트헬스의 성장은 복잡했으며, 신규 클리닉을 위한 장소를 선정하고 신규 직원을 채용하여 교육을 제공하고 비용 규율을 형성하는 과정에서 광범위한 배경 작업이 필요했다.

오크스트리트헬스는 품질 관리 및 규정 준수를 유지하며 효율적으로 발전했다. 모든 요소가 조화를 이루어 동기화되면 기업 가치의 상승 속도가 무척 빨라질 수 있다. 하지만 실수나 부실한 시행 역시 빠르게 악영향으로 작용할 수 있다.

이러한 상황에서 오크스트리트헬스의 COO^{Chief Operating Officer, 최고 운영 책임자} 제프 프라이스가 결정적인 역할을 했다. 오크스트리트헬스가 맞닥뜨리는 과제에 대한 적절한 대응은 사업을 확장할 수 있는 튼튼한 플랫폼을 마련하는 일이었다. 이 방식으로는 기대치가 실적을 앞설 가능성이 낮고, 지속성 있는 성장을 추구할 수 있다. 결과적으로 그들이 누리는 성장이 더욱 일관적이고 예측 가능한 형태가 된다. 운영을 순조롭게 했기 때문에 실적 목표가 꾸준히 충족되고 가치도 더욱 빠르게 배가되었다.

나를 포함한 제너럴애틀랜틱의 경영진은 오크스트리트헬스의 CEO와 공동 창업자를 중심으로 우수한 리더십 팀을 개발하라고 마이크 파이코츠에게 권했다. 위대한 CEO는 리더십 팀에 높은 기준을 설정하고 현재 회사가 어디 있는 지가 아니라 장차 회사가 어디에 있을 지에 관한 관점에서 팀을 구축한다. 시간이 흐르면서 마이크는 새로운 CFO^{Chief Financial Officer, 최고 재무 관리자}와 법률 고문, 인사 책임자를 고용해야 한다는 사실을 알게 되었다. 우리의 지원을 통해, 부분적으로 인재 은행에 의존하여 지속적으로 기업을 확장하는 데 도움이 되며 해당 기능을 소화할 세 사람의 우수한 리더를 영입할 수 있었다.

제너럴애틀랜틱에서 지원했던 중요한 분야 중 하나가 효율적인 인센티브 계획을 개발하는 일이었다. 사모펀드 회사가 투자자인 경우, 기업 리더십은 투자 수익률을 제공하는 것으로 보상받기 때문에 경영진에 대한 보상과 인센티브는 필수적이다.

오크스트리트헬스는 첫날부터 연간 현금 보상^{급여와 상여금}에 덜 의존하고 수년에 걸쳐 부여되는 장기 에퀴티^{Equity, 주식, 수익, 지분, 자산} 보조금에 더 의존하는 방식으로 운영되었다.

알렉스 스탈^{Alex Stahl}과 나는 오크스트리트헬스와 함께 일하며 회사가 확장함에 따라 초기의 에퀴티 플랜을 계속 활용할 수 있게 하는 구조를 적용하려 했다. 이 구조는 에퀴티의 가치가 참여자가 받는 현금 보상의 수십 배에 이르게 하였으며 우리는 이를 거래에 따라 성사되는 가치 증가 비율에 결합시켰다. 잠재적인 보상은 경영진이 연간 또는 분기별 목표뿐 아니라 보다 장기적인 가치 창출을 목표로 삼아 일하도록 동기를 부여했다. 또한 회사의 모든 사람이 주인처럼 생각하도록 이끌었는데, 이는 사모펀드 투자자가 포트폴리오 기업의 임원에게 제공하는 가치 제안의 일부이기도 하다. 모든 이해관계자를 위한 가치 창출을 장려하기 때문이다.

우리의 에쿼티 플랜은 3년에서 5년에 걸쳐 사업 가치를 높이는 일과 관련이 있었으며, 1억 달러의 매출을 올리는 회사를 5억 달러 혹은 10억 달러 매출을 거두는 회사로 만드는 일이기도 했다. 이 계획은 성과를 중심으로 하며, 초기의 투자에 대해 더 높은 배수의 가치를 달성할 수 있도록 더 많은 주식을 증여해야 했다. 이러한 시스템에서 고위층 임원은 현금 보상의 10배가 넘는 에쿼티 실현을 달성할 수 있었다. 뿐만 아니라 제너럴애틀랜틱은 때때로 리더들에게 거래에 개인 자본 투자를 허용하여 임원이 직접 참여하여 보상을 얻고 목표 가치를 높일 기회를 제공했다. 이 방법은 실제로 회사가 임무 수행에 최적화된 인재를 고용할 수 있게 했다.

마이크 파이코츠는 이와 같은 일반적인 접근 방식을 수용했지만 적절한 균형을 찾기가 어려웠기에 자신이 시스템을 미세하게 조정할 수 있도록 우리가 도와주기를 바랐다. 계약 초기에는 시대에 앞선 적합한 인재를 데려오면서도 회사의 현금이 소진되지 않도록 낮은 급여와 상여금을 유지하는 일이 특히 중요했다. 우수한 리더를 영입하기 위해서는 에퀴티 상승을 현금 보상을 제공하는 업계의 중간 미만으로 유지해야 했다. 에퀴티 플랜에 대한 명확한 의사소통과 교육을 확립하고 사람들이 오크스트리트헬스의 성장 스토리를 이해하고 회사의 주식을 사들이게 하는 등 패키지의 잠재적인 가치를 이해시키는 일이 중요했다. 마이크의 관점은 누군가 거래를 받아들이고 싶어 하지 않아 한다면 그 사람이 회사에 맞는 인재가 아닐 가능성이 높다는 것이었다.

마이크 파이코츠는 오크스트리트헬스를 설립하고 효율적으로 운영하고 난 뒤에 이러한 균형을 맞추는 문제의 어려움에 직면했다. 채용 당시 중간 이하의 급여를 수락하고 그 대가로 잠재적으로 보다 수익성이 높은 장기간의 에퀴티 보조금을 받기로 했던 몇몇 고위 임원은 회사를 떠났다. 어떤 사람은 더는 오크스트리트헬스의 직원이 아닌데도 자산을 현금화하여 가치를 실현하거나 지분을 유지하기를 간절히 원했다. 하지만 에퀴티 보조금은 가득 조건을 달성해야 얻을 수 있고, 회사를 떠나고 싶어 한 몇몇은 그들이 가득되지 않은 보조금을 잃게 된다는 사실을 알게 되면서 감정 대립이 일어났다. 특히 자신이 희생당했다고 느끼는 사람은 더욱 거세게 반발했다. 마이크와 나는 이 점에 관해 자세한 논의를 거쳤고, 그가 프로그램의 원칙에 충실해야 한다는 데 동의했다.

오크스트리트헬스의 보상 철학에서 또 하나의 독특한 점은 가장 중요한 역할에 대한 총 보상 패키지가 시장에서 1위였다는 것이다. 우리는 주요한 역할을 수행하며 최고의 성과를 이룬 직원은 평균적인 성과를 낸 직원에 비해 몇 배 이상의 가치를 창출한다고 믿었기 때문에 필요할 때 기꺼이 보상을 늘리기로 했다. 우리는 회사가 장차 이루게 될 예상치를 기반으로 시대에 앞서 주식 보상 시스템을 구축했다. 마이크 파이코츠 역시 우리의 보상 철학에 동의했으며 오크스트리트헬스의 최고 성과자에게 지속적으로 보상을 하고 있다. 우리는 매년 최고의 성과를 내는 직원에게 추가적인 에퀴티 보조금으로 보상하여 계속 최고의 인재를 보유할 수 있게 하는 에퀴티 '리프레쉬refresh' 프로그램을 개발하도록 도왔다. 덕분에 오크스트리트헬스는 환상적인 리더십 팀을 유치하고 계속 유지할 수 있었다. 리더십 팀은 영향력 있고 가치 있는 회사를 구축했고 팀원들은 가치 창출에 기여했다.

연간 현금 인센티브^{보너스}를 결정하는 최선의 방법에 대해서도 논의했다. 이번에도 문제는 균형이었다. 나는 임원들에게 보너스를 지급하기 위해 달성할 수 있는 재정 목표를 설정해야 한다고 제안하면서도 너무 무리하지는 말라고 당부했다. 아무도 접근할 수 없는 보너스 풀을 구축하는 일은 성공이 아니다. 오히려 직원들의 사기를 떨어뜨리는 역효과가 생길 수 있다. 목표는 현실적이어야 하고 마이크는 목표를 달성하기 위한 회사의 능력을 확실히 믿어야 했다. 나는 그에게 계획을 단순화하여 사업의 몇 가지 핵심 요소에 초점을 맞출 것을 독려했다. 우리는 보너스 풀을 마련하여 최고의 성과를 내는 직원에게 더 큰 보너스를 주는 문제에 대해 논의했다. 인센티브는 단기적으로는 뛰어난 인재가 지속해서 회사에 다니는 데 중요한 동기 부여를 하고, 장기적으로는 성과 곡선을 높일 수 있다고 믿는 임원을 끌어들이고 지원하게 될 것이다. 또한 강력하고 균형 잡힌 인센티브 프로그램은 다른 회사에서 임원을 스카우트하지 못하도록 막는 뛰어난 방어책이다.

오크스트리트헬스의 또 다른 핵심 과제는 회사에 적합한 중간 경영진을 구축하는 일이었다. 핵심은 단지 단기간의 성공을 위해 강력한 역량을 제공하는 일이 아니라, 회사에 관리 및 리더십 역량을 갖춘 리더의 파이프라인, 크리티컬 매스^{변화를 일으키기 위한 최소한의 규모}를 보유하는 것이었다. 성공적으로 회사를 확장하는 일은 해당 인력의 역량을 개발하는 데 상당 부분 의존한다.

우수한 경영 대학원이나 컨설팅 기업에서 최고급 인재를 채용하면 많은 비용이 든다. 하지만 경영 대학원이나 컨설팅 기업을 통해 높은 기술을 갖춘 중간층 핵심 관리자를 스카우트하면 미래에 막강한 고위 간부급 경영진으로 성장할 것이며, 적절한 인센티브를 받을 기회가 주어진다면 더 높은 가치를 창출할 것이다. 이렇게 하면 오크스트리트헬스는 시간이 흐름에 따라 고위층 직책을 내부에서 공개적으로 승진시키고 이를 통해 오크스트리트헬스의 시스템과 문화에 깊이 빠져든 우수 인재를 확보하게 된다. 이런 까닭에 잠재력이 높은 인재를 모집하고 개발하는 일이 오크스트리트헬스의 리더십 역량을 높이고 빠른 성장을 관리하는 역량을 키우기 위한 전략적인 목표가 되었다. 회사를 급속도로 확장시키기 위해서는 리더십 역량을 개발하는 일이 대단히 중요하다. 오크스트리트헬스는 리더십 프로그램에 수십 명의 일류 MBA 학생을 채용했다.

잠재력이 풍부한 CEO로서 마이크 파이코츠는 자기계발도 소홀히 하지 않았다. 우리는 그의 계발에 대해, 또 계발을 가속화하기 위해 무엇을 할 수 있는지에 대해 자주 이야기를 나누었다. 나는 그에게 기획과 관리를 추진하기 위해 장기적인 목적이 필요하다고 밝히고, 지금 회사가 어디 있는지와 1, 2년 내에 목적을 달성하는 데 필요한 단기적인 단계가 중요하다는 관점을 뒤집어야 한다고 강조했다. 이를 위해서는 그가 시간을 현명하게 사용하고 있는지 확인하기 위한 정기적인 모니터링과 관리가 필요했다. CEO의 시간은 가장 소중한 상품이며, CEO는 가장 큰 영향력을 미칠 수 있는 곳에 힘을 쏟아야 한다. 마이크는 그에게 멘토링을 해 줄 코치를 고용했다. 그는 사업의 미래와 목표를 이루기 위해 어떻게 발전해야 하는지에 대해 끊임없이 고민했다.

이와 같이 노력한 덕택에 오크스트리트헬스는 놀라운 결과를 거두었다. 제너럴애틀랜틱의 예상치를 훨씬 앞서가고 있으며, 가치 증가를 거듭 높이며 제너럴애틀랜틱이 지금껏 한 최고의 투자 중 하나가 되었다. 제너럴애틀랜틱의 인내심과 지속적인 지원은 다른 방식으로도 결실을 맺었다. 투자 초기 상대적으로 경험이 부족한 창업자들이 위대한 사업 리더로 성장하여 모든 창업자가 열망하는 기준점으로 간주되었기 때문이다.

오크스트리트헬스의 다음 행보는 공개 기업으로서 삶을 준비하는 일이었다. 민간 기업에서 공개 기업으로 전환을 계획할 때는 인재와 관련된 세 가지 영역인 경영 팀, 이사회, 보상을 고려해야 한다. 마이크 파이코츠는 공개 기업 CEO로서 공개 기업 관련 사안에 상당한 시간을 투자해야 했다. 어느 때보다 그에게 자신의 빈자리를 채울 수 있는 튼튼한 리더십 팀을 확보하는 일이 중요해졌다. 한발 앞서 리더십 팀을 강화하는 전략으로 마이크는 역할 전환에 능숙하게 대처했다.

마이크 파이코츠와 로버트 버호프, 리더십 팀의 다른 사람들도 오크스트리트헬스의 성장을 지원하기 위한 세계적인 수준의 이사회를 구성하는 일을 초기의 우선순위로 삼았다. 이를 위해서는 다양성과 상호 의존에 초점을 맞추고, 회사가 상장하기 전부터 이사회 위원회를 설립해야 했다. 회사가 앞으로 나아갈 지점과 관련하여 미리 생각하고 그 비전에 맞는 이사들을 영입하는 일도 중요했다. IPO^{Initial Public Offering, 기업 공개} 몇 해 전 오크스트리트헬스는 오바마 대통령의 백악관 보건 IT TF의 멤버였던 모힛 코셜^{Mohit Kaushal} 박사와 휴매나 소매 전략 및 운용 담당 칼 데일리^{Carl Daley}를 기용했다. 이들은 IPO를 전후해 전 미국 공중보건 국장 레지나 벤자민^{Regina Benjamin} 박사와 블루크로스블루쉴드^{Blue Cross Blue Shield} 협회의 CEO 킴 켁^{Kim Keck}, 에코잉그린^{Echoing Green}의 회장 셰릴 도시^{Cheryl Dorsey}, 건강 정보 네트워크 어베일러빌리티^{Availability}의 창업자 줄리 클랍스타인^{Julie Klapstein} 같은 인물을 충원하여 이사회를 계속 강화했다. 이사회의 대다수 사외 이사들은 무척 다양하게 구성되었다.

마지막으로 오크스트리트헬스는 공개 기업 기준에 맞

마이크 파이코츠와 로버트 버호프, 리더십 팀의 다른 사람들도 오크스트리트헬스의 성장을 지원하기 위한 세계적인 수준의 이사회를 구성하는 일을 초기의 우선순위로 삼았다. 이를 위해서는 다양성과 상호 의존에 초점을 맞추고, 회사가 상장하기 전부터 이사회 위원회를 설립해야 했다. 회사가 앞으로 나아갈 지점과 관련하여 미리 생각하고 그 비전에 맞는 이사들을 영입하는 일도 중요했다. IPO[Initial Public Offering, 기업 공개] 몇 해 전 오크스트리트헬스는 오바마 대통령의 백악관 보건 IT TF의 멤버였던 모힛 코셜[Mohit Kaushal] 박사와 휴매나 소매 전략 및 운용 담당 칼 데일리[Carl Daley]를 기용했다. 이들은 IPO를 전후해 전 미국 공중보건 국장 레지나 벤자민[Regina Benjamin] 박사와 블루크로스블루쉴드[Blue Cross Blue Shield] 협회의 CEO 킴 켁[Kim Keck], 에코잉그린[Echoing Green]의 회장 셰릴 도시[Cheryl Dorsey], 건강 정보 네트워크 어베일러빌리티[Availability]의 창업자 줄리 클랍스타인[Julie Klapstein] 같은 인물을 충원하여 이사회를 계속 강화했다. 이사회의 대다수 사외 이사들은 무척 다양하게 구성되었다.

마지막으로 오크스트리트헬스는 공개 기업 기준에 맞

춘 보상 프로그램으로 성공적인 IPO 전환을 준비했다. 이 과정에서는 연간 에퀴티를 지급하는 방식으로 전환을 해야 했는데 이번 장의 앞부분에서 논의했던 접근법과는 전혀 다르다. IPO가 상당한 가치 창출을 실현해 줄 것으로 예상됨에 따라 강력한 인재 보유력을 갖춘 신규 인센티브 프로그램을 도입하고 IPO 기간 및 그 이후에도 경영 팀의 유지를 보장하는 일이 중요해졌다. 우리는 경영 팀이 IPO를 결승점으로 간주하는 것을 원치 않았다. 알렉스와 나는 적절한 신규 인센티브를 결정하기 위해 임원 각각의 에퀴티를 분석한 뒤 미가득 에퀴티와 벤치마크, 역할의 중요성 및 성과를 기반으로 한 프레임워크를 개발했다.

2020년 8월, 오크스트리트헬스는 성공적으로 IPO를 마쳤으며, 주주들에게 지속적으로 놀라운 수익을 제공하고 있다. 마이크 파이코츠에게 사업을 확장할 잠재력이 있다는 우리의 주장은 정확한 사실로 판명되었다. 현재 오크스트리트헬스는 연간 10억 달러 이상을 수익으로 올리며 80개가 넘는 클리닉을 보유하고 있다. 지난 5년 동안 오크스트리트헬스는 130억 달러 이상의 가치를 창출했으며, 보다 중요한 것은 미국의 노년층 의료 풍토를 변화시켰다는 점이다. 환자 입원율을 51% 감소시키고 30일 이내의 재입원률을 42% 감소하는 데도 기여했다. 값비싼 응급실 방문률도 51% 감소했다. 하지만 우리는 이제 시작일 뿐이라고 확신한다.

핵 · 심 · 요 · 점

오크스트리트헬스

램 차란

마이크 파이코츠와 팀 코칭을 맡았기 때문에 나는 이 이야기와 직접적인 관련이 있다. 오크스트리트헬스는 미래 지향적인 혁신 기업이자 탁월한 투자 기회였다. 사업을 확장할 때 고려해야 할 다수의 모범 사례를 부각시키기도 했다.

• 오크스트리트헬스의 창업자들은 미국에서 점차 늘어가는 메디케어 환자에게 우수한 의료 서비스를 제공하는 탁월한 사업 모델을 개발했다. 하지만 핵심 질문이 남아 있었다. 창업가들이 성장 의제를 소화할 수 있을까? 로버트 버호프는 아니쉬 뱃로에게 그

를 도와 리더십 팀을 평가해 달라고 요청했다. 아니쉬는 마이크 파이코츠와 제프 프라이스가 다양한 운영 경험을 쌓지는 않았지만 잠재력이 아주 높은 운동선수라는 사실을 알아냈다. 개발에 대한 올바른 투자를 받음으로써 그들은 엄청난 수익을 창출할 수 있게 되었다.

인재 전쟁이 심화됨에 따라 이사회, CEO, CRO는 잠재력이 높은 인재를 찾아내고 성공에 승부를 거는 능력을 키워야 한다.

- 창업자들은 일류 경영 대학원과 컨설팅 기업에서 우수한 인재를 유치하기 위해 자체 프로그램을 실행하여 잠재력을 두 배로 키웠다. 이들에게는 1억 달러 기업으로서 핵심 역할을 담당하는 데 일정 수의 강력한 리더가 필요했다면 5억 달러 혹은 10억 달러 기업에는 몇 배의 인재가 더 필요하다는 점을 이해하는 식

견이 있었다. 초기에는 많은 비용이 들었지만 프로그램은 금세 엄청난 성과를 거두었다. 개개인에게 성장의 기회를 제공하면서 오크스트리트헬스는 내부에서 미래의 사업 리더를 키워 낼 수 있었다.

갈수록 경쟁이 치열해지는 채용 환경에서 내부에 활용할 수 있는 인재 층이 두텁다는 사실은 경쟁업체보다 우수한 큰 차별점이 될 수 있다.

• 아니쉬의 작업에서 특히 중요한 요소는 리더십 팀이 다음 단계의 가치 창출로 나아갈 수 있도록 적절한 인센티브 프로그램을 고안한 점이다. 이 프로그램은 경영진이 현금 보상을 에퀴티와 맞바꾸었다는 점에서 이례적이다.

이는 주주의 이익과 경영진의 이익을 긴밀하게 연결시켜 사업 실적이 뛰어날 경우 총 수익을 높일 수 있는 기회를 제공했을 뿐 아니라 유지율에도 큰 영향을 끼쳤다.

• 아니쉬의 작업에서 눈에 띄는 또 다른 점은 보상을 벤치마킹하기 위해 사용한 진보적인 접근 방식이다. 이들은 오크스트리트헬스를 다른 유사한 규모의 기업과 비교해 벤치마킹하는 대신 4년이나 5년 뒤의 모습을 생각하고 더 큰 규모의 기업들과 비교했다. 그리하여 오크스트리트헬스가 가장 중대한 역할을 위해 더 큰 조직에서 인재를 유치할 수 있게 했다. 인재 전략을 개발해 나가는 모든 기관이 배워야 할 교훈이다.

리더는 기업이 앞으로 나아가야 할 곳을 기준으로 현재 자신이 보유하고 있는, 그리고 앞으로 필요한 인재를 평가해야 한다. 이 접근법에 많은 비용이 들긴 하지만, CEO는 확장하기 위한 준비를 강화하는 투자를 해야만 한다. 또한 더 높은 수준의 전문가를 이끄는 역량을 키우기 위해 자기 계발에도 투자해야 한다.

TALENT

TALENT

다음 단계로
초고속 성장을 하기 위한
역동적인 CEO가 되어라

디팝
DEPOP

어느 날 제너럴애틀랜틱의 파트너 중 한 명인 멜리스 카야 아카르^Melis Kahya Akar가 내 사무실에 고개를 들이밀었다. 그녀는 투자 위원회 회의에서 돌아오는 길이었고, 회의에서 디팝이라는 Z세대 중심의 패션 리세일 기업에 투자할 기회를 소개받았다. 한눈에 보기에도 들떠 있었다. 런던에 본사를 둔 디팝은 빠른 속도로 성장하고 있었고 전 세계로 뻗어 나갈 가능성이 아주 컸다. 디팝은 업계 최고의 기업이었다. 멜리스는 내가 디팝의 CEO와 만나 이야기를 나누면서 공격적인 규모 확장 프로세스를 위한 효율적인 리더십 및 조직 개발 전략을 짤 수 있도록 지원해 줄 수 있느냐고 물었다.

멜리스는 디팝이 구매자와 판매자 모두를 지원함으로써 패스트 패션과 전자 상거래 분야를 어떻게 현명하게 파고들었는지 잘 이해하고 있었다. 그녀는 1년 이상 디팝을 조사했다. 그러고는 디팝만의 잠재력을 뚜렷하게 느꼈다.

디팝은 2011년 창업하였고 기업들이 가장 원하면서도 파악하기 어려운 소비자 그룹 중 하나인 Z세대에게 폭발적인 인기를 누렸다. 고객들은 디팝을 단순히 옷을 사고파는 사이트가 아니라, 그들의 패션 감수성을 표출하고 떠오르는 스타일을 실시간으로 배우며 트렌드세터들과 어울리는 커뮤니티 사이트로 받아들였다. 패션 리사이클링에 중점을 두면서 디팝은 수많은 Z세대가 관심을 보이는 지속성과 친환경 문화의 상징에 호소했다. 디팝은 얼마나 많은 사람을 끌어들였을까? 열여섯 살에서 스물네 살까지의 영국인 중 삼분의 일은 디팝 애플리케이션을 다운받았으며,

사용자 보유량은 업계에서 동급 최고다.

디팝의 CEO 마리아 라가^{Maria Raga}는 2019년 신문 인터뷰에서 애플리케이션 사용자에 대해 이렇게 설명했다.

"그들은 인생에서 미래에 어떤 일을 할지 스스로 파악하는 시기에 있고, 우리는 그들에게 기회를 주고 싶습니다. 그들의 여정을 돕고 싶어요."

디팝 자체와 회사의 눈부신 여정에도 정확히 같은 표현이 적용된다. 내가 맞닥뜨린 핵심 질문은 임원진에게 앞으로 4년에 걸쳐 전략적 목표를 실현할 능력이 있는가 하는 점이었다. 우리는 디팝이 현재 규모의 몇 배로 확장할 뿐 아니라, 미국 내에서 사업을 키우고 전 세계에서 새로운 시장을 개척하면서 사업의 형태가 더욱 복잡해질 것이라 예상했다.

제너럴애틀랜틱과 디팝 간의 거래가 성사된 직후 나는 동료 린제이 베다드^{Lindsay Bedard}와 런던에서 디팝의 경영 팀과 사흘 동안 함께 시간을 보냈다.

우리의 접근 방식은 일반적으로 CEO 그리고 리더십 팀의 각 멤버와 일대일 회의를 하는 것으로 시작한다. 회의는 대체로 3일에서 4일 동안 진행되었고 우리가 사업에 몰두할 기회를 제공했다. 우리는 대화에서 보통 200페이지 정도 메모를 남긴다. 회의가 끝난 뒤 10일에서 14일 동안 조사 결과를 종합하고 적절한 경우 제너럴애틀랜틱 거래 팀, CEO, 이사회와 공유할 실행 계획을 수립한다. 전체 목표는 총 사업 가치를 몇 배로 늘리는 것, 구체적으로 4년 내에 회사를 2.5배 이상 키울 수 있는 리더십 팀을 구축하도록 돕는 것이다.

우리는 여행을 앞두고 디팝이 이 프로세스의 전문가인 지에이치스마트[ghSmart]가 개발한 프레임워크를 활용하여 주요 특성을 측정하고 비교할 수 있게 하는 성과표의 초안을 작성했다. 성과표는 우리가 경영 팀과 대화하는 데 있어 밑거름이 되었다.

처음 디팝 사무실에 도착했을 때 활기차고 탁 트인 실내가 보였고 우리는 유리로 된 회의실로 안내되었다. 회의가 시작되기를 기다리면서 조용히 사무실 환경을 관찰했다. 이내 마리아 라가가 사무실을 바삐 돌아다니며 모든 직급의 팀원과 이야기하며 브레인스토밍 하는 모습이

눈에 띄었다. 많은 직원이 전용 책상을 사용하지 않고 대신 사무실의 각 구석에 동료들과 옹기종기 모여 있었다. 디팝의 분위기는 활기찼고 사무실 곳곳에 웅성거림과 흥분이 감돌았다.

현장에서 일하는 내내 우리는 마리아 라가와 수차례 대화를 나누며 그녀의 경력 실적 및 디팝 CEO로서 한 경험은 물론 디팝의 주요 전략 우선순위, 잠재적인 문제, 각 경영진의 기대 사항 등을 정리했다. 또한 마리아의 경영진 10명과 함께 시간을 보내며 그들의 경험과 성과를 파악하고 다른 리더십 팀 멤버들에 대한 은밀한 피드백도 받았다. 회의가 끝난 뒤 린제이와 나는 곧장 저녁 식사를 하러 갔고 조사 결과를 토론하기 시작했다. 토론은 뉴욕으로 돌아오는 비행기 안에서도 계속되었다. 그 뒤 10일 동안 나는 시장 업계의 다른 리더와도 대화를 나누었고, 경영 팀과 한 회의에서 나온 결과를 30페이지 분량으로 종합하여 마리아, 멜리스와 공유하고 논의했다.

다시 마리아 라가와 마주 앉았을 때 그녀가 우리와 계속 연락하며 조사 결과를 듣고 싶어 한다는 사실을 분명히 알 수 있었다. 2시간 동안 진행된 회의에서 우리는 관찰 결과와 이를 뒷받침하는 증거를 아주 상세히 설명했다. 우리의 작업은 발전적인 결과를 이끌어 내는 것을 목표로 한다. 하지만 먼저 마리아와 디팝 팀 전체가 혁신적인 제품과 모델을 창조했고 사업에서 유지해야 할 강점이 많다는 사실을 인정해야만 했다.

우리는 사무실에 발을 들여놓은 순간부터 문화가 기업가적이고 혁신적이며 신선하다는 인상을 받았다. 직원들과 이야기를 나누면서 그들이 디팝 브랜드에 열정적이며 일에 큰 자부심을 느낀다는 사실을 분명히 느꼈다. 직원들을 대상으로 한 설문 조사에는 평균 80% 이상이 참여했으며, 회사 전반에 대한 강력한 참여 의식이 반영되었다. 뿐만 아니라 디팝은 창조적인 행사와 파트너십을 통해 Z세대 고객을 참여하게 하는 데도 뛰어났다. 유료 마케팅에 한정된 금액만 투자했을 정도로 실적이 아주 좋았다. 행사에는 영국 셀프리지스Selfridges 백화점의 성공적인 팝업 스토어 행사와 미국의 생방송 이벤트도 포함되었다. 이처럼 빠르고 유기적인 성장은 고객 기술 비즈니스에서는 찾아

보기 힘들며 복제하기도 까다롭다.

1. 핵심 재무 목표 달성

- 2025년까지 높은 수익성 마진으로 연간 [XX%+] 매출 성장 달성
- 매출: 2020년에서 2025년까지 [$XX]에서 [$XXX]까지
- 총 마진: 2020년에서 2025년까지 [XX%]부터 [XX%]까지
- 조정된 EBITDA 마진: 2020년에서 2025년까지 [XX%]부터 [XX%]까지

2. 확장 기회(서비스의 지역 및 범위) 전략 개발 및 실행

- 미국에서의 입지 확장. 미국에서 2025년까지 총 수익의 [XX%]에 기여

3. 뛰어난 성과를 내는 팀 구축 및 관리. 뛰어난 성과를 거두는 문화 조성

- 90% 이상을 A급 선수로 구성한 뛰어난 성과를 내는 팀 구축
- 주인 의식과 책임감이 있는 뛰어난 성과 문화 조성

이와 같이 소비자와 유대를 강화하는 것 외에 디팝은 판매자 커뮤니티를 관리하는 데도 뛰어난 접근 방식을 보였다. 배송과 결제, 진정성과 관련된 부차적인 지원 서비스도 이에 포함된다. 디팝은 수요 및 공급의 균형을 효과적으로 유지하기 위해 지속 가능한 사업과 더불어 빠르게

성장하는 열정적인 사용자 커뮤니티를 개발했다.

리더십 팀은 만장일치로 마리아 라가를 CEO로 지지했다. 그녀는 열정이 넘치고 친근하며 따듯할 뿐 아니라 팀원의 사기를 북돋아 주었다. 그녀의 리더십 팀 중 여러 사람이 나에게 회사에 들어온 가장 큰 이유가 그녀 때문이라고 말했다.

우리는 대화의 전반부^{관련 주주에게 브리핑하는 회의의 약 30%}를 CEO의 강점 및 개발 가능성 영역에 초점을 맞춘다. 아무리 경험이 많고 믿을 만한 CEO라도 성장과 개선의 여지는 있게 마련이며, 우리는 우리가 투자하는 회사의 CEO가 끊임없이 지속적인 발전을 고수하도록 독려한다.

마리아 라가는 에스파냐 출신으로 여러 국가에서 거주하고 일하면서 강력한 세계 지향성을 갖추었으며 안정적이고 도전적인 환경 모두에 익숙했다. 그녀는 베인앤코^{Bain & Co}에서 5년 동안 근무한 뒤 프랑스 경영대학원 인시아드^{INSEAD}에서 MBA를 취득했으며 그루폰^{Groupon}에 입사해 일본과 한국에서 사업하는 데 도움을 주었다. 마리아는 2014년 운영 담당 부사장으로 디팝에 합류했다. 혼란의 시기인 2016년 디팝의 CEO로 임명되었으며 질서를 회복하고 저하된 사기를 끌어올림으로써 회사에서 인정받았다.

마리아는 실제로 신속하게 행동을 취했다. CEO로 임명된 지 며칠 만에 디팝의 창업자인 사이먼 베커먼^{Simon Beckerman}을 다시 불러들였다. 사이먼은 디팝 브랜드의 설계자로 디팝에 커뮤니티 중심의 문화를 형성한 장본인이다. 마리아는 이 기능을 되살리는 일이 디팝의 미래에 매우 중요하다고 생각했다. 마리아의 조치에는 논란이 따랐지만 그녀는 사이먼을 데려오는 일이 설립 당시의 메시지를 되살려 직원들에게 활기를 불어넣는다고 확신했다. 그녀는 디팝의 리더십이 하나로 결합된 공통의 목적 없이 사일로 상태에서 운영되고 있다고 진단했다. 이에 마리아는 사이먼이 리더들을 결합시키는 계기를 만드는 데 도움이 될 뿐 아니라 회사의 정체성을 뚜렷하게 강조할 수 있다고 믿었다.

그녀는 거침없이 행동하여 디팝이 다시 초고속 성장의 길을 걷게 했으며 리더십 팀에 활기를 불어넣었고, 영국 디팝 사용자 커뮤니티의 열정에 불을 붙였다.

만족스러운 이력이었지만 우리의 거래는 특히 디팝이 새로운 시장을 모색하는 시점에 마리아와 리더십 팀의 어려움을 더욱 부채질할 수 있는 급속한 규모 확장을 전제로 삼았다. 우리는 디팝이 사업을 확장할 때 맞닥뜨릴 세 가지 장애물을 파악했다. 첫째, 리더십 팀이 현재 사업의 규모에 적절하긴 했지만 단기간에 나아가야 할 목표에 비해 상대적으로 개발이 부진했다. 여러 중요한 위치에 있는 리더들의 팀 관리 및 운영 경험이 부족했다. 회사 전반에 걸쳐 주요 경영진의 입지 및 성과에 대한 기준을 재정립하고 향상시키기 좋은 시기였다.

둘째, 최근 시행된 조직 재설계는 중대한 새 포부인 미국에서의 확장 문제를 효율적으로 다루지 못했다.

셋째, 여러 주요 프로세스와 시스템이 충분히 개발되지 않았고 우선순위가 자주 바뀌었다.

조직 설계 관련 인사이트

• CEO/창업자의 강점에 맞게 조율한다. 가장 중요하고 영향력이 큰 영역에 CEO가 집중할 수 있는 구조인지 확인한다.

• 회사가 확장함에 따라 조직 내 기능적 통합 지점을 깊이 확대하는 작업의 가치가 커졌다. 이를 위해 회사는 우선 리더십의 깊이와 기능적 탁월성, 탄탄한 프로세스 및 시스템을 구축해야 한다.
메타^{페이스북}와 아마존은 이와 같은 시스템을 구축하여 막대한 이윤을 낸 대표 사례다.

• 구조만으로는 성공을 창출할 수 없다. 리더십 팀은 지배 구조 및 문화 요소를 고려하고 강화해야 한다. 최고의 '하드웨어'에도 적절한 '소프트웨어'가 필요하다.

우리는 마리아 라가에게 디팝의 강점을 자세히 설명하고 각 팀원에게 필요한 개발 의제를 제안했다. 마침 그녀는 잠재력이 큰 리더 군단을 성공적으로 활용하고 있었다. 이들 중 다수는 마리아처럼 컨설팅 분야에서 성장했고 강력한 전략적 통찰력과 뛰어난 지적 능력을 증명했다. 하지만 디팝이 이미 도달한 규모의 글로벌 비즈니스를 관리한 경험이 있는 사람은 거의 없었다. 우리는 디팝이 더욱 방대하고 복잡해짐에 따라 글로벌 비즈니스가 확장될 것이라 느꼈다. 게다가 리더십 팀의 몇 가지 주요 역할이 공석이었다. 이 부분에 대해서도 더 많은 작업이 필요했다.

그때 마리아 역시 CTO^{Chief Technology Officer, 최고 기술 책임자}와 CPO^{Chief Product Officer, 최고 제품 책임자}를 적극적으로 찾고 있었다. 뿐만 아니라 규모 확장 프로세스를 경험하고 마리아의 전략 파트너로 일할 수 있는 뛰어난 CFO^{Chief Financial Officer, 최고 재무 관리자}도 영입해야 했다. 당시 재무팀은 잠재력이 풍부한 리더가 이끌고 있었지만 그 역시 운영 면에서 고전하고 있었다. 한마디로 딱 맞는 인재가 아니었다. 대단히 총명하긴 했지만 능력에 비해 여러 가지 일을 시도하고 있었다. 우리는 현재의 재무팀 리더가 더 노련하고 집중적인 직무 기술을 갖춘 뛰어난 관리자 아래에서 일하면 도움이 될 것이라고 판단했다.

마리아와 진행한 회의에서 우리는 새로운 CFO를 채용하기로 합의한 뒤 즉시 검색을 시작했다. 성장형 회사와 일한 경험을 통해 우리는 핵심 자리를 신속하게 채울 때 생기는 장점이 조직을 업그레이드하면서 발생하는 혼란보다 훨씬 크다는 사실을 알고 있었다. 현재 재무팀의 현황을 조사해 보니 재무팀은 조직에 대한 기여도가 떨어졌고, 전략적인 태도를 갖춘 CFO를 즉시 영입하는 것이 마리아에게 도움이 된다는 확신이 들었다.

또한 당시 디팝에는 새로운 성과 마케팅 전문가가 반드시 필요했다. 디팝이 고객층을 넓히는 데는 입소문의 영향이 컸지만 브랜드와 지리적 확장을 지원하기 위해서는 강력한 성과 마케팅 역량을 갖춰야 했다. 브랜드와 창조적인 영역에서 유난히 막강한 현재의 CMO^{Chief Marketing Officer, 최고 마케팅 책임자}와 협업할 수 있는 믿음직한 성과 마케팅 리더가 필요했다. 마지막으로 새로운 미국 담당 총 매니저가 필요했다. 현재의 매니저는 최근 개인 이유로 영국으로 돌아갔다. 이는 디팝의 가장 중요한 시장에서 활동하는 헌신적인 리더가 없다는 뜻이었다.

새로운 인재 투입을 생산적으로 준비하기 위해 우리는 마리아 라가와 긴밀하게 협력하여 그녀의 조직 설계를 평가하는 동시에 기능 및 지리적 플랫폼을 기반으로 한 장기적인 구조를 고안하려 애썼다. 이는 책임감을 높이고 미국 시장에 더욱 집중하는 데 도움을 줄 것이었다. 우리는 판단과 제안을 명확하게 정리할 수 있도록 여러 조직의 구조를 조사하고 다른 기업의 리더와 이야기를 나누었다.

마침내 그동안 노력한 협업과 분석으로 우리가 적절한 조직 설계라고 판단하는 구조가 마련되었고, 우리는 즉시 실행 계획을 세우기 시작했다. 우리는 순조롭게 일을 진행하기 위해서 마리아와 리더십 팀과 나누는 명쾌하고 체계적인 의사소통이 반드시 필요하다고 판단했다. 이는 제너럴애틀랜틱이 투자하기 직전에 그녀가 조직 개편을 실행하는 과정에서 어려움을 겪었기 때문이다. 마리아는 우리의 지원을 받아 리더들에게 제안된 변경 사항을 전달하고 리더십 팀을 공동 토론에 소집했다. 이들이 의견을 제시하고 피드백을 제공하며 각자의 새로운 역할 및 책임감을 다루는 방식에 대해 더욱 상세한 정보를 얻기 위해서였다. 모두 각자의 위치에 적용되는 기대치와 측정 기준을 이해하고 성과를 평가할 수 있어야 했기 때문에 명확성이 가장 중요했다.

실행	1단계: 계획	2단계: 워크숍	3단계: 적용
결과	최적의 조직 구조와 주요 인재 배치 결정에 따라 조정	역할, 책임, 조직는 사업 전반에 걸쳐 명확히 정의되어야 함. 리더는 각자의 개별 및 공유 책임을 파악해야 함	성공적인 제휴, 참여 및 성과
주요 단계	**1. 조직 설계 완료** **2. 핵심 직위에 대한 RAM(역할, 책임, 조지) 초안 작성** **3. 인재를 활용하여 새로운 역할 채우기 & 필수 역할이 존재하지 않는 주요 역할 파악** **4. 각 리더에게 역할 변경 공지** 　i. 권한 및 새로운 역할 전달 　ii. 계획 단계 동안 리더에게 동료 그룹에 대비할 수 있는 형식 제공	**협업 대화를 위해 리더십 팀 소집** **포함할 의제** i. 권한, 역할, 책임, 지원 / 역할 요구 사항 및 상호 가능 지원 분야(회장 및 팽창)에 관한 개별 프레젠테이션 ii. 다음 사항에 관한 그룹 토론 　– 개발 및 공유 책임 　– 노트 　– 지배 구조 　– 운영 리듬 　– 결정권 및 승인 일정 　– 바람직한 리더십 지표	**1. 조직 변화를 조직 내 더 깊이 뿌리내리게 함** 　i. 리더는 해당 조직에서 역할의 범위(RAM)를 재설정함 　ii. 리더는 조직 내에서 개개인에게 변화를 전달함 **2. 조직 내 조력자가 고용되어 제 역할을 다하는지 확인함:** 　– 운영 리듬 & 지배 구조 　– 성과 관리 　– 인재 관리 　– 인센티브 **3. 성공 및 참여도 측정:** 조직의 현황을 평가하고 조직을 활성화하기 위해 매년 참여 설문 조사 수행을 권장함
소유주	• CEO는 계획을 완료하여 리더에게 통지 • 제너렐매플렌드은 CEO가 설계를 완료하고 역할 및 핵심 채용(기획, 전환 계획 및 의사소통을 결정되도록 지원 • 인사팀은 RAM 초안 작성 지원 • ELT(Executive Leadership Team, 집행 리더십 팀) 멤버들은 워크숍 프레젠테이션 준비	• 제너렐매플렌드은 CEO와 워크숍 안건을 확정짓도록 지원 • CEO는 워크숍을 주재하고 마무리함 • 인사팀은 프로젝트 관리를 도움 • ELT멤버들은 프레젠테이션 진행	• 디거에는 조직의 RAM 조안 작성과 의사소통 변경 (인사팀과 CEO 지원) 책임이 있음 • 인사팀은 성과 관리, 성과표 작성, 인센티브 조정을 주도함 • 인사팀은 프로젝트 관리를 지원함

이와 같은 단계별 프로세스에 따라 새로운 조직 구성이 전달되자 우리는 다시 CFO와 최고 제품 책임자 후보를 검색하는 일로 돌아왔다. 마리아 라가는 눈여겨본 CTO에게 입사 제안을 추진했다.

성과 마케팅에 대해서는 마리아와 함께 먼저 우리의 검증된 경영진 저장소인 제너럴애틀랜틱 인재 은행에서 후보자를 찾아보기로 했다. 우리에게는 선택할 수 있는 디지털 마케팅 임원의 네트워크가 풍부했다.

새로운 CFO와 CPO를 채용하는 까다로운 임무를 완수하기 위해 우리는 노련한 검색 회사에게 도움을 청했다. 짧은 시간 내에 새로운 임원을 채용하는 데 많은 노력이 필요하며, 적합한 인재를 선택하는 일이 아주 중요하다는 사실도 잘 알고 있었다. 우리는 마리아와 긴밀하게 협업하며 후보자를 비교하는 확실한 데이터 프로세스를 마련하기 위해 두 직위에 대한 성과표를 개발했다. 또한 CFO 검색에는 러셀레이놀즈어소시에이트Russell Reynolds Associates와 협업하고, CPO 검색을 위해서는 트루서치True Search와 함께 일했다.

러셀레이놀즈어소시에이트와 나눈 초기 대화에서 우리는 디팝이 확장의 압박을 겪고 있는 시기에 마리아에게 강력한 재무 파트너가 될 중책을 맡길 뛰어난 전략을 갖춘 CFO를 영입하는 일의 중요성을 강조했다. 첫 번째 후보자 명단은 우리의 기준에 못 미쳤다. 러셀레이놀즈어소시에이트가 디팝이 성장할 경우를 대비해서가 아니라 현재의 규모에 따라 후보자를 모으고 있다는 점이 명확하게 드러났다. 우리는 관심사와 요구 사항을 러셀레이놀즈어소시에이트와 논의함으로써 신속하게 더 나은 방향으로 검색을 추진할 수 있게 했다. 며칠 뒤 러셀레이놀즈어소시에이트의 선임 컨설턴트가 검색 프로세스 관리를 맡게 되었다.

이후 몇 달에 걸쳐 우리는 마리아 라가가 검색 현황 요청에 합류케 하고 두 직함에 대한 모든 후보자를 두 시간 동안 심층적으로 평가한 자료를 제공하며 그녀를 지원했다. 이 때문에 마리아는 최고의 후보자들을 인터뷰할 뿐 아니라 그들과 친밀감을 키우고 그들이 디팝과 디팝의 사업에 흥미를 느끼게 하는 데 시간을 할애할 수 있었다. 넉 달 뒤 우리는 최종 후보를 찾아냈다고 확신하고 즉시 광범위한 자료 조사를 시행하여 설득력 있는 제안을 준비하고 우리의 유력 후보자와 벌이는 거래를 성사시키기 위해 움직였다. 수석 부회장인 CPO의 경우, 트루서처와 다시 검색을 시작했다.

넉 달도 되지 않아 우리는 미국을 기반으로 삼고 있지만 디팝의 런던 본사로 옮길 의사가 있는 트립어드바이저TripAdvisor의 제품 담당 리더를 고용할 수 있었다. 제품 개발에 추가적인 강점을 더하기 위해 우리는 마리아 라가가 제너럴애틀랜틱 인재 은행에서 인재를 찾아보고 노련한 제품 담당 임원을 이사회에 임명하도록 지원했다. 이어 2021년 초 여성 독립 이사를 추가 임명하면서 이사회의 여성 비율을 50%로 상승시켰다.

디지털 마케팅 역시 디팝의 성장을 지원하기 위해 참신한 발상이 필요한 또 하나의 주요 분야였다. 디팝이 초기에 인기를 끈 여러 이유 중 하나는 유기적인 입소문이다. 보잘것없던 디팝의 마케팅 부문 투자는 고객 확보보다 브랜드 인지도에 중점을 두었다.

이제 디팝은 미국에서 대대적인 확장을 모색하고 있었기 때문에 성장 마케팅 역량을 개발해야 할 필요성이 있었다. 마케팅 리더들을 평가하면서 우리는 그들이 대체로 브랜드 인지도나 성과 마케팅 중 한쪽을 지향한다는 점을 발견했다. 둘 다 마케팅의 범주에 속하긴 하지만 상당히 다른 기술을 필요로 하며, 두 가지 모두에 능숙한 리더를 찾기 힘든 경우가 많다. 종종 브랜드 마케팅에서는 '주류'이지만 성과 마케팅에서 '비주류'이거나 그 반대인 리더를 찾을 때가 있다.

디팝의 경우, 마리아 라가는 최근 구글에서 막강한 브랜드 마케터를 영입했다. 그는 성장 마케팅이 자신의 전문 분야가 아니라는 점을 인정하고 그 분야에서 도움이 필요하다는 사실을 처음 인정한 사람이었다.

우리는 마리아에게 구조적으로 브랜드와 성과 마케팅을 분리하고 CMO의 동료로 일할 성과 마케팅 리더를 채용하자고 제안했다. 또한 '디지털 이민자'보다 '디지털 네이티브'를 목표로 삼아 인재를 채용하기로 결정했다. 전문 경험이 부족하더라도 다양한 채널에 걸쳐 분석적인 통찰력과 전문 지식을 확보한 젊은 후보자를 찾기로 했다는 뜻이다. 우리는 마리아와 이 접근법에 대해 논의했고 우리의 네트워크에서 찾은 후보자를 확인하여 마리아에게 소개하기 시작했다. 다행히 유능하고 데이터 지향적인 마케팅 리더를 확보할 수 있었다.

이와 같은 인재 영입 과정은 시간이 오래 걸리지만 충분히 가치가 있다. 8개월 만에 디팝은 리더십 팀을 대폭 강화하고 조직 구성을 사업 전략에 맞게 조정함으로써 2020년 팬데믹 동안에도 번영할 수 있는 기반을 탄탄히 갖추었다. 팬데믹은 호텔과 항공, 소매업과 엔터테인먼트 등 전 세계의 수많은 사업 분야에 피해를 입혔다. 하지만 사람들 대부분이 집에 틀어박혀 있었기 때문에 일부 전자 상거래 사업은 번성했다. 디팝도 이 중 하나다.

디팝의 매출 및 기본 평가 기준은 2020년 유의미한 성장세를 보였으며, 경기 부양책 지급이 종료된 락다운 동안에도 주요 시장에서 성장을 계속했다. 2020년 상품 판매는 6억 5,000만 달러였고, 수익은 7,000달러에 이르렀으며 이는 각각 전년 동기 대비 100% 이상 증가한 성적이다. 미국 시장에서는 마리아 라가가 디팝을 시작했을 때의 15%, 제너럴애틀랜틱 투자 당시 30%에서 총거래액이 40%로 성장했다. 2021년에는 영국을 추월할 기세다.

2021년 6월 2일, 우리의 초기 투자 뒤 불과 2년 뒤 디팝은 미국 3대 온라인몰인 엣시^{Etsy}에 16억 달러에 인수되었다. 이 인수는 제너럴애틀랜틱과 우리의 투자자들에게 5배 이상 뛰어넘는 가치를 달성하게 했다.

디팝

램 차란

디팝의 사례는 아니쉬와 그의 팀이 인재 전략을 개발할 때, 90% 이상의 정확도로 인재에 접근하는 방식을 명백하게 보여 준다. 기하급수적으로 사업을 성장시킬 수 있는 인재를 고용하는 능력은 어마어마한 가치를 창출하게 하는 아주 드문 기술이다.

• 아니쉬와 린제이는 경영진과 함께 집중적인 프로세스를 이끌고 성장 의제를 실현하기 위한 회사의 준비 자세를 평가했다. 회사의 조직과 리더십 역량을 이해하는 일은 규모에 맞게 사업을 설정하기 위한 첫 단계다.

- 이번 장에서는 크게 성장하는 회사 대부분이 맞닥뜨리는 일반적인 과제, 규모를 키우려 할 때 확장할 준비가 된 리더십 팀과 조직을 구축하는 어려움을 부각시킨다. 아니쉬는 시대를 앞선 인재를 채용함으로써 이 어려움을 타계하려 했다. 제너럴애틀랜틱이 처음 디팝에 투자했을 때 주요 수입원은 10대였고 CFO 검색 초기 단계 동안 검색 컨설턴트는 회사의 현재 규모를 처리할 수 있는 후보자를 제시했다. 아니쉬는 CEO가 리더십에 대한 기준을 높이도록 이끌었으며, 두 사람은 함께 사업이 앞으로 4~5년 이내 달성할 수 있으리라 예상되는 규모를 다룰 수 있는 CFO를 찾는 데 초점을 맞추었다.

- 디팝의 스토리는 신속한 의사 결정의 장점 및 가치와 탄탄한 리더십이 가치 창출에 미치는 영향을 보여 준다. 아니쉬와 린제이는 거래 성사 뒤 6개월 이내에 적

절한 팀을 구성한다는 제너럴애틀랜틱의 목적에 따라 디팝이 즉시 적합한 리더십 팀을 개발하도록 지원했다. 이를 위해 거래가 성사되기도 전에 프로젝트에 착수하며 바로 사업에 뛰어들었다.

제너럴애틀랜틱이 투자를 결정하자 아니쉬와 린제이는 곧바로 런던으로 날아가 현장에서 리더십 팀과 일주일을 보냈고, 이후 2주 동안 이들은 마리아와 협력하여 인재 전략을 개발했다. 아니쉬는 신속하게 적절한 인재를 파악하기 위해 철저한 관리 뒤 곧장 검색을 시작하였다.

위험을 감수하는 리더가 기업을 잿더미에서 끌어올린다

비샬리테일
VISHAL RETAIL

우리가 인도의 한 은행에서 대형 슈퍼마켓 체인인 비샬리테일에 투자할 기회를 처음 접했을 때 좋은 징조라고는 하나도 없었다. 150여 개의 체인 혹은 상점이 혼란에 빠져 있었다. 빚더미가 쌓여 있고 돈을 받지 못한 공급업체는 클레임을 제기하고 매출은 곤두박질치고 있었다. 때는 2009년이었고 비샬은 새로운 투자자가 나서지 않으면 파산하기 일보 직전이었다. 비샬의 대출자들은 필사적으로 구조를 바라고 있었다.

　나는 이 무렵 홍콩 사무실에 기반을 둔 사모회사 기업 TPG에 합류했고, 우리의 아시아 거래 파트너들이 비샬을 살펴보기로 되어 있었다. 그들은 비샬을 조사하면서 회사가 모든 면에서 엉망진창이라는 사실을 깨달았다. 현금 유출 외에도 창업자 램 찬드라 아가르왈Ram Chandra Agarwal과 가족은 이 정도 규모의 복합적인 회사를 운영할 능력이 없다는 문제가 있었다. 자산 소유자들은 돈을 받지 못하면 그들을 내쫓겠다고 협박했다. 작은 마을에 위치한 수많은 가게가 낡은 제품과 부서지고 더러워진 비품, 제대로 훈련이 안 된 직원들로 인해 더 큰 곤경에 처해 있었다. 평가를 요청받고 처음 뉴델리 본사를 방문했을 때 가장 기억에 남는 장면은 바닥을 헤집고 다니는 쥐 떼였다.

　쥐를 뺀다면 엉망진창인 당시의 모습은 오히려 내 관심을 끌었다. 승산이 있겠다는 느낌이 들었다. 회사는 벼랑 끝에서 흔들리고 있었지만 긴급한 문제 몇 가지만 손본다면 돌파구를 마련할 투자가 될 수도 있었다. 아마도 가장 중요한 문제는 리더십일 것이다. 새로운 CEO를 찾는 일부터가 고비의 시작이었다. 투자 가치를 몇 배로 늘리면서 전환의 기회를 잡아야 하는 무척이나 까다로운 상황에서 수십 명의 고위 경영진으로 리더십 팀 전체를 새롭게 정비해야 했기 때문이다. 어떤 유능한 인재가 이토록 수많은 골칫거리에 휘말린 회사를 떠맡으려 하겠는가? 훌륭한 팀을 구성한다고 해도 성공한다는 보장이 있는 것도 아니었다. 필수 인적 자본을 끊임없이 지원하고 코칭하며 개발하는 가운데 최고 인사 책임자인 CHRO의 능력을 최대한 넓혀야 했다.

TPG의 인도 대표를 중심으로 한 거래 파트너들은 비살에 대해 듣기 전에 이미 상대적으로 개발이 뒤떨어진 인도의 소매업 분야를 지켜보고 있었다. 이들은 거시적 요인 때문에 좋은 기회가 생길 것이라 생각했다. 생존 가능한 체인을 관리하고 세계 수준의 경영 및 소매업 전문 지식을 도입하여 확장 프로세스를 실천하고 가치를 크게 늘린다면 승산이 있다고 여겼다. 인도의 경제 성장에 대한 설득력 있는 평가를 기반으로 한 과감한 비전이었다.

우리는 당시 인도의 소매업은 수천 개의 소규모 상점

으로 이루어져 있으며 전반적으로 인도 현지 기반의 사업
이라는 사실에서 출발해야 했다. 급속한 경제 성장에도 불
구하고 소매업 체인은 인도 소매 시장에서 아주 낮은 점
유율을 차지했다. 실제로 당시 인도에는 수익성 있는 전
국 기반의 대형 슈퍼마켓이 없었다. 소매업 분야는 역사
가 짧고 개발이 미흡했기 때문에 당시 존재하던 초기의 체
인은 대체로 수익을 거두지 못했고, 보다 선진적인 국가
의 소매점에 비해 세련된 측면도 부족했다. 하지만 우리
의 파트너들은 국제 수준의 인재를 영입하면 상황을 뒤집
을 수 있다고 믿었다.

인도는 무서운 속도로 바뀌고 있었다. 경제가 현대화
되면서 중하위 계층과 중산층이 성장하고 이들의 구매력
이 높아졌다. 우리는 이때가 월마트나 타겟Target 모델과 유
사한 대형 슈퍼마켓 체인을 개발하기에 적당한 시기라고
확신했다. 150여 개의 매장을 보유한 비샬은 이와 같은 노
력을 시작하고 확장하기에 매력적인 플랫폼으로 보였다.
수많은 문세가 있었지만 긍정적인 득성도 있었다. 대부분
의 중하위 계층 및 중산층에 강력한 브랜드 인지도를 형

성했으며 이를 활용할 수 있었다. 비용 구조도 상대적으로 낮았다. 비샬의 제품 조합은 수많은 대형 슈퍼마켓보다 더 높은 마진을 제공했다. 계속 악화되는 재정을 안정시키고 미지급 채무 문제를 수습하고 적절한 리더십을 투입할 수만 있다면 자금을 투자하기에 알맞은 때로 보였다.

사모펀드 투자는 항상 혁신적이면서도 훈련이 잘된 인재를 찾는 데 크게 의존한다. 하지만 이번에는 인도 소비자와 인도식 규정을 이해하고 현대의 소매업 및 마케팅 시장에 정통하며 냉철하고 창의적인 리더십이 필요했다. 비샬에 대출을 제공한 TPG의 투자 위원회와 인도 은행 모두를 능숙하게 상대할 리더도 필요했다. 무엇보다 체인 확장에 앞서 광범위한 전환을 감독할 능력이 있어야 했다. 그렇지 않으면 재정적인 재난을 불러 푸닛[Puneet]과 나, 무엇보다 TPG에 혼란을 초래할 것이었다.

투자의 핵심은 비샬의 사업 모델에 있었다. 비샬은 인도의 광활한 지역 13억 5천만 인구의 상당수를 차지하는 중하위 계층과 중산층 소비자에 초점을 맞추었다. 인도의 일부 신생 소매점은 더욱 부유한 소비자를 찾는 전략을 추구했지만 이를 위해서는 물가가 높은 동네에서 훨씬 높은 임대료를 지불하고 더 적은 소비자층을 위해 비싼 물품을 확보해야 했다. 비샬은 소비자들이 사는 곳에 상점을 냈기 때문에 임대료를 낮추는 혜택을 입었다. 과감한 전략이었지만 상당히 위험하기도 했다. 푸닛은 기업가로서의 수완을 총동원하여 위기에 처한 비샬을 인도에 아직 존재하지 않는 유형의 소매업 체인으로 탈바꿈시키려 했다.

푸닛과 파트너들은 신중하게 평가한 뒤 비샬을 안정시키고 재건을 이끌 올바른 리더십을 투입할 수 있다고 확신하였다. 투자 논거와 지원 분석을 스케치한 뒤 이들은 TPG의 투자 위원회에 아이디어를 제출하고 열정을 공유했다.

위원회는 딱 10분 동안 전망을 검토하더니 재고의 여지도 없이 즉시 거절했다. 우리는 충격을 받았지만 실은 그럴 일이 아니었다.

비샬은 가치가 빠르게 하락하고 있었으며 소송에 묶여 있는 데다 인도에서 개발되지 않은 분야의 기업이었다. 소매업 기업의 외국인 소유에 대한 까다로운 인도 규정이 모든 거래를 복잡하게 했다. 또한 인도 국내 어디에서도 사업을 노련하게 운영할 리더를 찾을 길이 없었다.

하지만 푸닛과 또 다른 TPG의 파트너인 아모르 자인 Amol Jain은 이에 굴하지 않고 내게 찾아와 회사의 요구 사항을 평가하고 아이디어를 실현하는 데 필요한 건실한 리더십 팀을 구축할 수 있는지 확인해 달라고 요청했다. 푸닛은 인재가 어떤 전환점에서든 중대한 역할을 할 것이라고 굳게 믿었다. 기회인 동시에 엄청난 도전이었고 그때까지의 내 경력에서 가장 위험한 도박이었다. 성공 여부는 부분적으로 내가 푸닛과 개발해 나갈 파트너십의 역량에 달려 있었다. 우리는 하나가 아니라 여러 개의 정상을 함께 정복해야 했고 출발은 험난하기만 했다.

나는 TPG에 입사한 지 얼마 되지 않았던 터라 그동안 푸닛과 맺는 관계를 발전시킬 기회가 거의 없었다. 인도에 도착하자마자 그에게 연락을 취해 협업 방식에 대해 논의하려 했지만 그의 일정이 워낙 빠듯했기 때문에 이마저 쉽지 않았다. 마침내 점심 식사 약속을 잡았고 그는 동료 몇 명을 데려왔다. 하지만 재빨리 떠났기 때문에 그와 친분을 쌓을 시간이 거의 없었다. 뒷날 내가 비샬 협상을 어떻게 지원할 것인지에 대해 논의하기 시작했을 때, 이번 거래에 큰 위험이 따를 것이며, 유능한 인재를 평가하고 확인하고 채용하는 일뿐 아니라 내가 제공하는 노력에 대한 푸닛의 신뢰를 얻는 일도 내 의무가 될 것임이 명확해졌다. 이번 거래는 인재를 중심으로 해야 한다는 점에서는 푸닛과 나의 입장이 같았다.

나는 빨리 일을 시작하고 싶었고 준비도 되어 있었다. 단, 우리에게 필요한 유능한 리더를 찾기 위한 예산이 없었다. 게다가 우리는 실제로 회사를 소유하지 않았고 앞으로 소유하게 된다는 보장도 없었다.

나는 비샬이 엄청난 기회를 맞이할 것이라고 확신했다. 하지만 우리가 간절히 필요로 하는 인재를 찾는 방식을 평가할 때만큼은 현실적이었다. 인재를 찾는 데 있어서 가장 큰 장애물은 인도 소매업계의 체계가 잡혀 있지 않으며 전국에서 성공을 거둔 체인이 없었기 때문에 CEO 후보자나 리더십 팀의 다른 직원을 찾기 위해 탐색할 만큼 인재 층이 두텁지 않았다는 점이다. 우리는 데이터 중

TALENT

심의 상품 구성, 마케팅, 규정 준수, 자문 및 운영 능력에 필요한 배경을 갖춘 경영진이 필요했다. 전환기를 만들어 낼 강철 같은 심지와 능력을 갖춘 업계 베테랑을 찾아야 했다.

나는 인도에서 자랐고 그곳에서 사업과 인적 자원에 관한 교육을 받았다. 처음에는 펩시코에서 일하면서 펩시코가 인도에서 사업을 확장하려는 야심찬 노력에 힘을 보탰다. 펩시코에서는 훌륭한 교육을 제공했다. 나는 펩시코가 3년 동안 시장 점유율을 약 10%에서 40%까지 대폭 확장하는데 힘을 보탰다. 내게는 다른 나라에서 경험이 풍부한 경영진을 데려와 인재 프로그램을 만든 경력이 있었다. 프로그램을 통해 나는 사업을 관리하고 유망한 인도 직원을 교육하는 일을 도왔으며 세계 정상급 경영자들을 배출했다. 펩시코에서 한 경험 덕분에 비살에 대한 잠재적인 투자를 지원할 인재를 식별하고 발전시키는 방식에 대해 더 깊이 이해할 수 있었다.

일반적인 상황이라면 나는 포트폴리오 기업에 회사가 투자한 뒤 몇 달 내에 이런 문제를 해결했을 것이다. 하지만 비샬의 경우에는 소유권을 인수하기 전에 TPG 투자 위원회를 통과하기 위한 팀부터 구축해야 했다. 우리가 비샬 인수에 관한 승인을 얻을 수 있는 적임자를 찾았다고 푸닛, 거래 팀의 다른 멤버들, 투자 위원회를 설득해야 했다.

내가 추진하고 있는 프로세스의 잠정적인 첫 단계는 검색 회사 하이드릭앤스트러글Heidrick & Struggles을 설득하여 CEO 검색을 시작하는 일이었는데, 여기서 반전이 일어났다. 나는 적어도 아직까지는 비샬의 재정이 취약하다고 설명했다. 물론 우리는 오랫동안 알고 지냈으며, 그들은 우리가 상당한 양의 임원 검색 사업을 했다는 사실을 알고 있었다. 나는 왜 비샬을 키우는 일이 유망한 아이디어라고 생각하는지도 이야기했다. 초기에는 무료로 일하게 되겠지만 성공하면 보상을 받는다는 전제도 설명했다. 마치 도박 같았지만 결국 그들을 설득하여 특이한 임무를 맡길 수 있었다.

몇 주 만에 그들은 유력한 몇 명의 국내 및 국외 후보를 간추려 왔다. 그중 한 명은 GK로 알려진 구넨타 카프

Gunender Kapur로 소비재 부문에서 경험이 풍부하고 매우 유능한 임원이었다. 그는 이전에 거대한 유럽 소비재 기업인 유니레버Unilever의 인도 지사 힌두스탄레버Hindustan Lever에서 임원으로 일했다.

유니레버는 탁월한 관리 및 관리 교육 프로그램으로 인도에서 명성이 자자했으며, GK는 여러 직함을 거쳐 집행 위원회에서 일했다. 내가 특히 주목한 부분은 그가 유니레버에서 식품 분야의 전환기를 이끌었다는 점이다. 비샬에서 그가 앞으로 맡을 직위에 반드시 필요한 기술이었다. 또한 GK는 유니레버의 구강 관리 제품 사업을 성공적으로 확장한 바 있다. 리더십 팀에서 팀원을 채용하고 구축한 경험도 탄탄했다. 광범위한 기술과 인도 경제에 대한 깊은 이해를 갖추고 있어 그야말로 우리가 필요로 하는 유형의 업계 베테랑이었다. 그는 결단력이 있었고 자신과 리더십 팀에 높은 기준을 적용하는 것으로도 유명했다.

GK는 유니레버를 떠난 뒤 인도의 대기업 릴라이언스인더스트리Reliance Industries Limited의 자회사 릴라이언스리테일Reliance Retail의 회장 겸 CEO가 되었다. 이는 그가 사업, 이번 경우에는 슈퍼마켓을 성장시키는 데 있어 중요한 경험이 될 것이다. 그는 한때 인도에서 사업을 하기 위해 가게를 열기도 했다. 이런 경험 역시 비샬을 위한 우리의 계획에 꼭 필요했다. 소매업에 대한 직접적인 경험은 부족했지만 다른 능력과 경험이 내게 깊은 인상을 주었다. 그는 훈련을 잘 받은 매니저였고 어려움에 처한 기업을 전환시키기도 했다. 우리는 소매업자로서의 그의 경력보다 탄탄한 배경과 가능성에 승부를 걸기로 했다.

그의 개성 역시 눈에 뜨었다. 처음 만나 1시간 30분 동안 이야기를 나눴을 때 그가 소탈하면서도 자신감이 넘친다는 점이 특히 마음에 들었다. 그동안 만난 다른 후보자와 달리 그는 굳이 잘 보이려는 노력을 하지 않았고, 잘난 척도 하지 않았다. 있는 그대로 자연스럽고 야심이 크고 리더 자질을 타고난 사람 같았다. 겸손한 면을 보이긴 했지만 분명 의지력이 강한 사람이었고 윤리 의식도 철저해 보였다. 나는 신중하게 판단하기 위해 여러 다른 상황에서 GK와 만나 그가 환경에 대처하는 모습을 살펴보고 더욱 친밀한 환경에서는 긴장을 푸는지도 확인했다. 이를 위해 공식적인 인터뷰와 조찬 회의, 호텔에서 한 회의 등을 포함한 모든 과정을 거쳤다.

대부분의 기업들은 레퍼런스 체크, 즉 평판 조회를 형식적인 절차로만 생각하고 기본 질문을 던지는 데 잠깐의 시간만 할애할 뿐이다. 나는 다른 접근 방식을 취해 각 레퍼런스 콜에 45분 이상을 투자할 때가 많다. 힘든 상황에 임원진이 어떻게 대처했는지, 팀을 어떻게 구축하고 이끌었는지 조사하고 정보를 얻을 수 있으며 성격이 어떤지도 파악할 수 있기 때문이다. GK의 레퍼런스는 매우 훌륭했기에 그가 우리에게 필요한 리더라는 확신이 더욱 커졌다.

나는 모든 회의 결과에 대한 상세한 기록을 푸닛에게 제공했다. 그러기 위해 손으로 쓴 50장의 메모를 2페이지짜리 요약본으로 정리해야 했다. 내 분석이 얼마나 깊이 있는지, 중대한 요소를 어떻게 판단하는지 푸닛이 확실히 이해하기를 원했고, 후보자들을 비교하는 방식을 보여 주기 위해 내가 만든 성과표를 그가 이해하기를 바랐다. 푸닛에게 내 방식을 확실히 이해시킬 기회를 제대로 잡은 것이다.

12명이 넘는 다른 후보자도 같은 과정을 거쳤지만 업계 경험 부분에서 GK가 압도적으로 앞섰다. 우리가 비샬 리테일의 기회에 대해 이야기하자 GK는 관심을 보였다. 나는 이번 투자가 그에게 개인적으로 큰 위험을 수반하는 일임을 강조했다. 우리의 전략에 따르면 그는 TPG의 수석 자문위원이 되어 직접 회사를 분석하고 비샬을 운영할 리더십 팀을 수립하며 사업 계획을 문서화해야 했다. 초기의 보수는 릴라이언스에서 받은 수익의 일부에 지나지 않을 것이다. 하지만 TPG가 거래를 성사시켜 GK가 우리가 투자한 가치의 몇 배를 달성한다면 수익이 상당히 크게, 수백만 달러 이상으로 늘어날 가능성이 있었다.

GK에게는 숨겨 둔 욕망이 있었다. 자기 손으로 대기업을 세워 이끌고 싶다는 꿈을 오랫동안 키워 왔다고 했다. 그에게는 기업가 정신이 있었고, 주인 의식을 키우고 싶어 했다. 그는 당장 그런 기회를 창출하는 데 필요한 자본을 구할 수 없더라도 비샬과 체결한 거래가 자신이 이루고 싶은 열망을 딜싱할 수 있는 질호의 찬스가 될 것이라고 말했다. 그의 인센티브 급여 상당 부분에 소유권 지분이 포함될 것이기 때문이다.

　나는 그가 최적의 후보자라고 확신했지만 많은 사람을 만족시켜야 했기 때문에 이를 혹독하게 입증해야 했다. 우리는 TPG 투자 위원회 위원들이 참석한 자리를 포함하여 그와 15번 이상의 인터뷰를 진행했다. 특히 푸닛과 한 회의는 GK에게도, 나와 푸닛과의 관계에 있어서도 어려운 테스트였다. 하지만 나는 GK의 독보적인 기술과 단호한 리더십 스타일, 높은 기준이 비샬에 필요하다고 확신했다.

　푸닛은 GK에게 강점이 많다고 인정했지만 소매업과 대형 슈퍼마켓 쪽에서 한 직접적인 경험이 풍부한 사람이 필요하다는 사실을 거듭 문제 삼았다. 그는 사모펀드에서는 리더십과 인적 자본 문제를 그르치면 투자를 바로잡을 가능성이 적다는 점을 이해했다. 인재는 가치를 몇 배로 높일 수 있지만 다른 한편으로 돌이킬 수 없는 실수가 되기도 한다. 나는 푸닛이 지적한 문제를 해결해야 한다는 점은 인정하면서도 내 주장을 끝까지 밀고 나가야 했다. GK가 다른 주요 후보자와 비교해서 어떻게 다른지, 인터뷰에서 어떤 모습을 보였는지, 특히 사업을 전환시키면서도 확장해야 하는 시기에 그가 얼마나 적절하게 일했는지에 관해 푸닛에게 실질적인 정보를 제공했다. 특히 그의 강인한 성격은 회사의 흐트러진 분위기와 불만이 심한 직원들, 불안해하는 은행에 큰 도움이 될 수 있다고 푸닛을 설득했다. 시간이 흐르면서 푸닛은 나와 내가 추진하는 철처한 프로세스를 신뢰하게 되었다.

당시 GK는 여러 사모 기업과 맺는 기회도 엿보고 있었다. 이 과정에서 모든 TPG 동료들과 주고받는 상호 작용은 TPG가 그에게 가장 좋은 파트너가 될 것이라는 믿음을 심어 주었다.

두 달 뒤 우리는 GK를 채용하기로 합의하고 전체 경영 구조를 사전 조립하는 한층 더 강력한 작업에 착수했다. 향후 수년에 걸쳐 30명 이상의 직원이 필요한 일이었다.

우리는 GK에 대한 결정을 마친 뒤 TPG 투자 위원회의 승인을 받아야 했다. 1년 동안 20번 이상 프레젠테이션을 해야 했는데 일부는 GK가 맡았다. 그는 위원회에 자신에게 강력한 비전과 이를 실행할 능력이 있음을 설득시켜야 했다.

분명 기회는 유리알처럼 투명했지만 서류상에만 있다는 점이 문제였다. 나는 수십 건의 검색과 분석에 대한 상세한 업데이트를 제공해야 했다. 수도 없이 야간 비행으로 홍콩에서 뉴델리를 오가며 직접 프레젠테이션에 참여해 위원회 측에서 우리가 어떤 상황에 처해 있는지, 나의 방법론이 어떤 것인지 정확하게 이해하고 있는지 확인해야 했다.

첫해가 끝나 갈 무렵, 비샬의 모든 측면을 검토하고 관련 은행과 가능한 모든 거래에 대해 논의하고 운영 계획을 전개하면서 우리는 처음에는 그토록 완강하던 TPG 투자 위원회가 우리의 개선과 발전을 인정한다는 사실을 알게 되었다.

하지만 몇 개월이 지난 뒤에도 계속해서 비샬이 빠르게 파국으로 접어들고 있다는 점이 우리의 발목을 잡았다. 지난 16개월 동안 수익은 절반인 약 6,000만 달러로 떨어졌다. 대출을 회수하기 위해 어쩔 수 없이 개입해 통제력을 행사했던 은행이 분노에 차서 수락하려 했던 계획을 모조리 거절하자 상황은 더욱 불투명해졌다. 마침내 TPG 투자 위원회는 장애물이 너무 많아 우려가 된다고 말했다.

이들은 우리의 노력을 위대한 여정이라고 부르며 인정하면서도, 이제 우리가 더는 시간 낭비 없이 손실을 줄이고 앞으로 나아가야 할 때인지도 모른다는 뜻을 내비쳤다. 비샬과 하는 거래는 떨어지는 칼을 붙잡으려는 시도와 마찬가지였다. 엄청난 위험이 잠재적인 보상을 뒤덮고 있었다. 푸닛과 거래 팀의 다른 일원들은 이 문제를 인정했지만 그들의 신념만큼은 굳건했다. 그들은 투자를 매력적으로 만드는 대단히 강력한 거시적 요인을 거듭 찾아냈다.

비샬의 이야기에는 변함없이 강력한 요소가 담겨 있었다. 거대한 소비자 그룹인 저소득 가정에 집중하는 체인, 덜 풍족한 마을과 동네에 위치한 상점, 임대료와 기타 비용이 대도시보다 상당히 낮은 지역, 유명한 브랜드. 비샬은 인도에서 두 번째로 큰 대형 슈퍼마켓 체인이었다. 식품보다 의류와 같이 높은 마진에 중점을 둔 제품 조합 상품에는 높은 보상과 성장 가능성이 있었다. 곤경에 처했다는 것은 커다란 할인을 확보할 수 있다는 뜻이기도 했다. GK가 합류하고 나서 우리의 주장에 더욱 힘이 실렸다.

푸닛은 우리의 선구적인 거래가 인도에서 새로운 역사

가 될 수도 있다고 주장했다. 또 다른 TPG의 파트너이자 크게 인정받는 운영 전문가인 카를로스 아퀴노[Carlos Aquino]는 투자 위원회가 망설이자 안타까움을 금치 못하며, 성공은 '침대에서 빠져 나오는 것'과 같다고 주장했다.

비샬과 거래하는 은행들이 점점 더 불안해하자 우리는 마침내 양쪽 모두 공존할 수 있는 거래를 협상했다. 투자 위원회는 비샬의 전망이 점점 어두워지는 가운데 지금이 아니면 기회가 없을 것이라고 생각했다. GK가 모은 우수한 리더십 팀이 이미 수행한 작업과 우리의 신념 때문에 결단을 내릴 수 있었다. 초기 재정 구조 조정이 타결되고 GK가 자신의 역량을 입증하자 위원회는 2011년 초 비샬에 대한 복합 투자를 승인했다.

상황을 결승점까지 끌고 가기 위해서는 여전히 많은 조각을 모아야 했다. 거래 구조는 인도 소매업 사업 규정을 따라야 했다. 외국 기업은 점포를 소유할 수 없었기 때문에 우리는 파트너인 인도의 스리람그룹[Shriram Group]이 사업과 상점의 소매 부분을 인수하고, TPG가 중앙 관리를 비롯한 사업의 도매 부분을 인수하게 하는 이중 구조를 설계하여 재무와 상업, 마케팅을 포함한 전반적인 전략을 관리했다. 수많은 은행과 협상을 벌인 뒤 우리는 대출에 대해 달러당 약 40%를 상환하기로 합의하여 비샬이 재출발하기에 충분한 운용 자금을 마련했다.

결정적인 조각은 GK가 리더십 팀을 선별하고 설계할 수 있도록 지원하는 일이었다. 리더십 팀이 벤처 기업에 세계 정상급 역량을 조성할 수 있도록 보장하는 험난한 과정이었다. 우리는 비어 있는 각 자리를 채우기 위해 GK의 네트워크와 나 자신의 인재 네트워크, TPG의 네트워크를 살피거나 추천 및 검색 기업과 협업하였고 그 결과 역량을 발휘할 수 있는 리더를 찾아냈다. 거래를 마무리할 즈음, GK는 우리의 지원을 받아 리더십 팀의 약 70%를 재정비했다. 그 내용은 다음과 같다.

- **의류 책임자:** 재능 있는 소매업자. 해당 분야 판매가 수익의 약 55%를 차지하기 때문에 매우 중요한 자리임.
- **일용 소비재 사업 책임자:** GK의 네드워크에서 찾아냈으며 기량이 뛰어난 리더.

- **인사팀 책임자:** 나의 인재 은행에서 찾아냄.

- **컨트롤러:** 재무 보고 및 회계 경험이 풍부한 사람으로 GK의 네트워크에서 제공받음.

- **마케팅 책임자:** 사전에 확인하고 계약했으며 비샬에 합류하기 위해 이전 직책을 사임함.

매출의 상당 부분을 식품 및 기타 일용 소비재에 의존하는 몇몇 대형 슈퍼마켓과 달리 비샬에서 가장 큰 판매고를 올리는 범주는 의류였다. 이 점이 우리가 사업을 낙관적으로 보게 한 요소 중 하나다. 일용 소비재는 마진이 적기 때문에 상점이 부담해야 하는 높은 임대료를 채우기 역부족인 경우가 다반사다. 비샬은 일용 소비재 및 식품에서 수익의 약 25%를 창출한다. 의류는 일용 소비재보다 마진이 훨씬 높기 때문에 저소득층 마을과 그 인근에 위치하고 있는 낮은 임대료를 지불하는 비샬 매장들의 장점을 크게 부각시킨다.

그래서 의류 사업을 이끌고 비샬의 생산 라인을 새롭게 단장할 후보자를 찾는 일이 매우 중요했다. 비샬은 20

명 남짓한 사람을 인터뷰했고 GK는 운 좋게 경험이 풍부하고 해당 직위를 잘 소화할 수 있는 여성을 찾아냈다. 그녀는 뭄바이에 살았기 때문에 비샬은 그녀가 뉴델리로 선뜻 이사 오고 싶은 마음이 들도록 그녀에게 제시하는 조건을 강화했다.

그녀가 직책을 수락하자 GK는 계속해서 팀을 채울 인재를 채용했다. 핵심 부분 중 하나는 새로운 CFO를 뽑는 일이었다. CFO를 찾는 일은 상당히 까다로웠다. 첫 번째 후보는 시간이 흐르면서 지지를 잃었고, 다음으로 주목받던 후보는 관심을 보였지만 위험하다는 이유로 물러섰다. 이후 싱가포르에서 유력한 후보자를 발견했는데, 그는 당시 위프로Wipro의 자회사인 소비재 사업체 운자Unza에서 CFO로 일하고 있었다. GK는 그를 알고 있었고 우리에게 소개했다. 나는 그를 평가하고 그에게 우리의 계획을 알리기 위해 싱가포르로 날아갔다. 3주 동안 GK와 나는 그와 수차례 회의를 했다. TPG에서 온 다른 사람들도 그와 업무에 관해 이야기를 나누었다. 우리 모두는 그가 적임자라고 생각했다.

GK는 새로운 접근 방식을 동원해 강력한 운영 리더를 자리에 배치했다. 우선 인도에서 적절한 자격 요건을 갖추었으며 GK와 함께 일했던 임원을 찾아냈고 우리는 그에게 회사의 절반을 책임지게 했다. 그런 다음 샘스클럽^{Sam's Club}에서 막강한 운영 경험을 쌓은 임원을 찾았다. 이번에도 GK와 일했던 사람이었다. 우리는 그에게 회사의 다른 절반을 맡겼다. 하지만 단합을 위해 GK는 두 사람이 델리에서 같은 사무실을 쓰게 했다. 다음으로 그들 위에 월마트 출신의 COO^{Chief Operating Officer, 최고 운영 책임자}를 채용했다.

더욱 발전된 시장에서 탄탄한 고위급 경영 인재를 확보하려는 노력의 일환으로 인재 네트워크에서 뽑은 이사급 고문도 고용했다. 이들은 GK가 그의 강점을 보완할 수 있도록 지원하는 데 큰 역할을 했다. 바디샵^{The Body Shop}과 베스트바이^{Best Buy}에서 일했던 조너선 프라이스^{Jonathan Price}를 데려와 소매 운영을 돕게 했다. 나의 네트워크에서 영국의 아스다^{Asda} 슈퍼마켓 체인과 러시아의 초대형 슈퍼마켓 체인인 렌타^{Lenta}에서 일한 경험이 있는 스티브 존슨^{Steve Johnson}를 고용했다. 콜렉티브브랜즈^{Collective Brands}에서 회장을 지냈으며 TPG 고문이었던 매튜 루벨^{Mattew Rubel}도 채용했다.

순조로운 출발이었다. 우리는 사업을 전환하고 GK가 자신의 비전을 성공시키는 데 필요한 모든 일을 할 수 있는 인재들을 찾아냈다고 믿었다.

GK의 접근 방식은 인도의 변화하는 소비자와 증가하는 중산층에 대한 몇 가지 견해에 바탕을 두고 있었다. 인도 경제가 급속도로 현대화되면서 중산층이 형성되었을 뿐 아니라, 인터넷 혁명은 이제 막 가난에서 빠져나온 수많은 사람의 취향과 꿈에 영향을 미쳤다. 이들은 인터넷에서 쉽게 접할 수 있는 서구 이미지의 영향을 받아 그들이 살고 싶은 삶의 유형, 옷을 입고 드러내고 싶어 하는 방식에 대한 새로운 열망을 키워 가고 있었다.

GK의 전략은 저소득층 소비자들이 이와 같은 패션을 그들이 감당할 수 있는 비용으로 접할 수 있게 하는 것이었다.

그는 높은 품질을 보장하기 위해 공급업체들과 긴밀하게 협력했다.

GK의 접근 방식을 뒷받침한 것은 그가 제도화한 개방적이고 무조건적인 반환 정책이었다. 그는 가난한 인도 소비자가 빨리 닳거나 잘 맞지 않는 옷을 구입하는 일이 비샬리테일에 재정 어려움을 일으킬 것이라 생각하고 소비자의 신뢰를 얻기 위한 정책을 개발했다.

GK의 계획은 비샬리테일에 대한 우리의 열망을 더욱 확고하게 했지만 그의 비전이 아무리 대단하다 해도 상황은 거듭 악화되었고 우리는 더욱 어둡고 혼란스러운 환경과 맞서 싸워야 했다. 최고의 인재조차 회사가 예상치 못한 재난과 어려움에 휩쓸리는 것을 막지 못했다. 비샬의 첫해에는 이와 같은 문제가 끝도 없이 이어졌다.

체인을 장악하려는 초기의 노력으로 GK는 즉시 현금 유출을 늦추기 위한 조치에 나섰다. 그는 단 몇 주 만에 150개의 매장 중 30개의 문을 닫았다. GK는 차차 규모를 확대할 계획이었지만 우선 수익을 낼 전망이 거의 보이지 않는 매장의 손실을 막는 데서부터 시작해야 했다. GK는 또한 첫 6개월 동안 직원의 약 3분의 1을, 첫 2년 동안 거의 90%의 직원을 교체했다.

일상적인 문제와 기존 회사에서 물려받은 부실한 조직도 우리의 진을 빠지게 했다.

GK는 첫 90일 동안 그가 직접 모든 지출을 승인해야 하는 임시 시스템을 도입했다. 번거롭긴 했지만, 그는 시스템에 질서를 도입하고 부적절한 거래를 막는 것이 필수 과정이라고 생각했다. 그 뒤 우리가 물려받은 소송 문제가 터졌다. 인도의 파편화된 법률 시스템에 따라 GK는 변호사와 협상하고 수많은 장소에 끊임없이 불려 나가야 했다. 대부분 몇 년 아니면 몇 달 동안 돈을 받지 못한 공급업자와 판매 회사가 제기한 소송이었고, 일부는 법원이 조취를 취하기를 기다리며 지쳐 갔다. 무장 경호원을 대동하고 비샬의 사무실에 나타나 돈을 요구한 경우도 있었다. 상황이 너무 위협적이어서 우리는 본사 뒤편에 통로를 만들어 무시무시한 방문객들이 나타나면 GK와 리더십 팀이 몰래 빠져나갈 수 있게 했다.

언젠가 돈을 받지 못한 판매업자가 GK, 아몰 자인, 푸닛을 상대로 보석 불가 체포 영장을 발부받기도 했다. 변호사는 우리에게 인도를 떠나 당분간 들어오지 않거나, 인도에 있으려면 몸을 숨기고 공개 석상에 나타나지 말아야 한다고 주장했다. 이는 사모펀드 회사의 전략에서 흔히 발생하는 일이 아니다. 우리는 영장이 그저 위협을 주기 위한 전술이며 부당하게 발급되었다고 생각했다. 변호사들이 영장을 취소시켰지만 이 사건은 비샬의 혼란이 얼마나 심각했는지 선명하게 보여 주는 일화이다.

현지 규정 준수에도 철저한 주의가 필요했다. 소매점은 30여 개에 달하는 현지법과 규정을 준수해야 했으며 일부 허가는 매달 갱신해야 했다. 과거 경영진은 이 과정에 소홀했다. GK는 필요한 승인과 허가를 정리한 차트를 작성하고 지키지 못한 부분은 빨간색으로 표시했다. 처음에는 차트 대부분이 빨간색이었지만 GK는 체계적인 과정에 따라 문제를 하나씩 해결하며 매장이 규정을 준수하게 했다. 위와 같은 문제를 해결해 나가면서 돈을 받지 못한 매장 주인들과 길고 긴 협상을 하게 되었다.

GK는 매출을 올릴 몇 가지 전략을 세웠다. 그중 핵심 노력은 오래된 상품, 특히 옷을 처분하고 최신 고급 제품으로 바꾸는일이었다. 예전 상품은 모조리 대폭 할인된 가격으로 처분하였다. 새로운 길을 트기 위함이었지만 시간이 무척 오래 걸렸다.

첫해는 날마다 생존을 위한 투쟁을 해야만 했다. 사업의 벽돌 하나하나가 재건축되거나 심지어 재창조되어야 했다. 하지만 그해 말 비샬리테일은 손익분기점을 찍었고 동일 매장 매출이 전체적으로 증가했으며 많은 대출 기관들이 돈을 상환받기 시작했다. 오래된 상품을 청산한 비샬은 더욱 품질이 우수하고 세련된 상품을 들여와 더 많은 손님을 끌어들였다.

GK는 나머지 상점을 깨끗이 정리하고 외관을 업그레이드했다. 또한 쇼핑을 보다 고객 친화적인 분위기로 만들기 위한 또 하나의 과감한 조치를 취해 계산대가 붐비는 현상을 사라지게 했다. 비샬은 휴대용 모바일 결제 장치를 도입했는데 당시 인도에서는 혁신적인 조치였다. 장치를 동원하면서 수많은 계산 과정이 빠르게 진행되었고 고객들은 각자가 원하는 방식으로 결제할 수 있게 되었다.

이와 같은 업적을 달성한 GK는 2년 차부터 치밀하게 조사한 지역에서 새로운 매장을 오픈하기 시작하며 필수적인 규모 확장 프로세스를 시작했다. 모든 신규 매장마다 대략 100개의 일자리가 창출되었기 때문에 확장 단계에 진입하자 수익이 늘고 생산성이 올라가며 직원 충성도도 높아졌다.

하지만 가파른 성장세는 이 기세를 따라가지 못하는 경영진의 시험대가 되었고, 더는 능률이 오르지 않는 고위 경영진을 교체해야 할 필요성이 생겼다. 우리가 데려온 이사회 위원이 관료주의적이고 융통성이 없어 보여서 그를 교체하기로 결정했다. 의류 부문을 관리하기 위해 GK가 채용한 인도 여성은 우수한 성과를 거두었지만 그녀가 뭄바이에 있는 집으로 돌아가기로 결정하면서 또 다른 인재 문제가 발생했다. 그녀의 퇴사는 사업에 실질적인 영향을 끼쳤고 우리는 추진력을 유지하기 위해 세계적 인재를 영입하기를 간절히 원했다. 마침내 비샬은 런던에서 노련한 소매업자를 발견했다. 또한 프랑스 출신으로 중국에서 일하던 또 한 명의 유능한 의류 쪽 임원을 찾아내 비샬의 사업에 새로운 세련미와 생산성을 더했다. 그녀는 데이터 중심적이었고 높은 마진을 거두는 부문의 상품을 계속 업그레이드했다.

내가 보수 위원회 책임자로 합류한 비샬의 이사회는 분기별로 회의를 했지만, 사업 상황을 세세하게 모니터링하고 재빨리 문제에 대응할 수 있도록 이사회 집행 위원회와 월례 회의를 하는 시스템을 마련했다. 나는 GK에게 필요한 자원과 도움을 즉시 제공할 수 있도록 회의 전후로 그와 함께 진행 과정에 대해 논의했다. 푸닛과도 협력하여 그에게 지속적으로 상세한 보고를 제공했으며, 피드백을 받은 뒤에는 GK와 공유하며 두 사람 모두 이사회의 우선순위를 정확히 이해하고 있는지 확인했다. 또한 1년에 두 차례 GK와 성과 검토를 하며 사업 지표와 그의 요구 사항과 성취, 내년 목표를 중점적으로 평가했다.

확장 속도가 빨라지면서 강력한 가치 상승이 창출되었다. 비샬이 신규 매장을 오픈하고 동일 매장 매출을 늘리면서 생산성과 수익이 급격히 성장했다. 우리가 초기 투자를 한 뒤 4년 차부터 6년 차까지 EBITDA가 두 배 이상 증가했다.

2018년, 비샬리테일은 완전히 다른 기업이 되었다. 인도에서 가장 빠르게 성장하는 소매점이자 인도의 가장 큰 의류 소매점으로 자리 잡은 것이다. 비샬 모델의 강점을 따라하는 기업이 등장했지만 우리의 가파른 성장세와 상대적으로 저렴한 비용의 조합은 브랜드를 더욱 강화했다.

TPG는 2018년 말 한때 위험성이 높았던 투자를 중단하기로 결정하고 이사회에 합류했던 투자 파트너 몇 명에게 주식을 매각했다.

연간 매출이 약 6,000만 달러였던 비샬은 2011년 연매출이 8억 달러 이상으로 증가했고, 수익성이 큰 폭으로 성장했으며 전국 370개의 매장으로 확대되었다. 이와 같은 성장세만큼이나 만족스러운 성과는 비샬에서 1만 3,000명을 직접 고용하고 판매업자와 공급업체를 통해 100,000명 이상을 간접 고용했으며 이들 중 다수의 반숙련 노동자들은 예전보다 훨씬 높은 임금을 받고 있다는 점이다.

비샬의 리더십 팀을 구성하면서 나는 직접 200회 남짓한 인터뷰를 실시했다. 나의 방식이 놀라운 성공의 기반을 마련하는 데 도움이 되었다는 사실에 큰 보람을 느낀다.

GK의 리더십과 비전은 탁월한 성과를 빚어냈고 비샬이 상승세를 유지하면서 그는 비샬의 투자자이자 CEO로 남게 되었다. 비샬은 가치 있는 투자일 뿐 아니라 지속 가능한 사업이자 사회적 성공의 증거가 되었다.

비샬리테일

램 차란

비샬리테일은 모두가 쓰레기통에 던져 버리기 직전의 회사였다. 은행도 희망을 버렸다. 하지만 푸닛과 거래 팀의 나머지 사람들은 비샬리테일에 커다란 가치를 제공할 기회가 있다고 확신했다. 거래 팀 파트너인 아니쉬는 인재를 찾기 어렵다는 이유로 거래를 저버리려 하지 않았다.

• CEO를 찾는 과정에서 아니쉬와 거래 팀은 체크리스트에 있는 모든 항목을 채울 수 없다는 사실을 받아들였다. 인도에서 소매 경험이 풍부한 사람은 찾을 수 없었다. 하지만 아니쉬는 GK에게서 탄탄한 성과

실적과 인도 소비자에 대한 깊은 이해, 놀라운 잠재력과 리더십 능력을 발견했다. 미개척 분야에서 모든 기준을 만족시킬 후보자가 나올 리 없었으므로 이들은 신속하게 적절한 고문, 이사회 이사, 핵심 리더를 보강하여 GK를 뒷받침하게 했다.

· GK는 그의 단점을 보완하는 경영 팀을 구성해야 한다는 사실을 알았기 때문에 아니쉬의 도움을 받아 소매 업계의 전문가를 데려오는 데 집중했다. 업계 전문가들은 인도에서 한 경험이 없었지만 GK의 인도 경험이 이 부분을 채웠다. 대신 이들은 당시 GK에게 부족한 세계적인 소매업 경험을 채웠다.
보완적인 기술을 제공하는 다른 리더들이 중요한 역할을 맡은 인재를 지원하게 하는 것이 전략이 핵심이다.

· GK는 유난히 많은 위험을 감수해야 했다. 그는 릴라

이언스리테일에서 큰 어려움 없이 고위직으로 일했지만 혼자 힘으로 대기업을 이끌고 싶다는 욕망이 있었다. GK는 TPG에서 자문 직책을 맡아 한층 도약했으며, 이는 궁극적으로 그에게 비샬의 CEO가 되어 인도 최초의 대형 슈퍼마켓을 구축할 기회를 제공했다. 모든 리더가 배워야 할 교훈이다. 일상적인 기업 생활의 함정에 빠지기 쉽지만 위대한 리더는 자신의 꿈과 사명을 들여다보며 이를 연료 삼아 한걸음 앞으로 나아간다.

• 아니쉬는 혁신적이었으며 비샬에 투자하기 전부터 인재 발굴 프로세스를 시작했다. 그는 인재 네트워크를 발판 삼아 검색 회사를 설득하여 핵심 인력이 무보수로 일을 시작하는 시스템을 구축했다. 이로 인해 동료 투자자들의 신뢰를 얻은 아니쉬는 수백 번의 상세한 인터뷰를 진행하며 끝도 없이 메모를 작성했고

결국은 투자가 승인되고 확정되기 전에 매우 유능한
임원이 비샬의 CEO로 취임하는 데 동의하게 했다.
그는 거래 팀 및 GK와 제휴하여 강력한 리더십 팀을
만들었다. 그의 끈기는 TPG와 비샬의 믿을 수 없는
성공으로 결실을 맺었다.

TALENT

TALENT

인재와 협업을
우선시하여
가치 창출을 주도하라

알렉스 고르스키 Alex Gorsky

존슨앤존슨 CEO

알렉스 고르스키는 2012년 4월 유서 깊은 존슨앤존슨의 CEO로 취임하면서 제약업계에서 겪은 오랜 경험을 바탕으로 높은 실적 이상의 변화를 일으켰다. 존슨앤존슨에 강력한 새 위원회를 구성하여 혁신과 협력의 에너지를 불어넣은 것이다. 사관학교 졸업생이자 참전 용사 출신인 그는 존슨앤존슨을 그 자신의 말처럼 '135년 된 스타트업'으로 탈바꿈시켰다.

그는 오래된 사일로 현상을 타파하고 관리자에게 기업가 정신과 주인 의식을 강조했다. 참신한 연구 아이디어를 회사 밖에서도 수용하는 등 문화를 개방하고 특정 부서보다 전체 기업에 대해 폭넓게 생각하는 리더십을 선보였다. 알렉스 고르스키는 대단히 크고 오래된 회사에도 기업가 정신을 주입하면 민첩한 신생 기업과 같은 가치를 창출할 수 있다는 사실을 증명했다. 존슨앤존슨은 마치 춤추는 코끼리 같았고 결과로서 능력을 증명했다.

알렉스 고르스키가 대표로 취임한 뒤 존슨앤존슨의 시가 총액은 거의 3천억 달러 이상 증가했으며 수익은 약 150% 올랐다. 이는 대형 제약 회사의 3배에 이르는 수치다.* 알렉스는 크게 성장하는 주식 기반 사업과 상당히 유사한 가치의 배수를 창출했다. 알렉스는 우리와 대화를 나누면서 인재의 역할을 재구상하고 관리하여 책임감과 협업 정신을 키웠기 때문에 오랜 세월에 걸쳐 성공을 유지할

---

* 2012년 4월 26일부터 2021년 2월 26일까지 S&P에서 측성한 노바티스(Novartis), 로슈(Roche), 글락소스미스클라인(GlaxoSmithKline), 머크(Merck), 화이자(Pfizer), 브리스톨마이어스스퀴브(Bristol Myers Squibb)의 지수.

수 있었다고 했다. 그는 이렇게 하기 위해 새로운 유형의 리더가 필요했다고 말했다. 또한 갈수록 치열해지는 세상에 더 적합하도록 회사의 인재 전략을 다시 썼다.

그가 다른 리더와 다른 점은 무엇일까? 그는 리더십 팀이 낡아 빠진 사일로 현상에서 벗어나게 하고, 경영진이 각자 분리된 역할을 생각하기보다 주요 기능의 교차 지점에 대해 통합적으로 생각하도록 이끌었다. 그 결과, 존슨앤존슨의 과학자들은 제품의 상업화에 대해 더 고민하게 되었고, 영업 담당 리더들은 약품과 장치 너머의 과학과 그 개발 방식을 더 많이 배우도록 권장되었다. 이런 사고방식이 조직 깊숙이 파고들어 경영진이 각자의 부서뿐 아니라 회사 전체의 성공에 대해 수평적으로 생각하게 되었다.

이러한 재창조는 회사 내 과학 리더들의 전통적인 패러다임을 변화시켰다. 알렉스 고르스키는 그들에게 '동등한 분야인 연구와 전략 리더십이라는 두 가지 역할을 동시에 수행하고 있다고 생각'하도록 이끌었다고 말했다. 이는 회사의 사업 측면과 연구 개발 측면 사이의 전통적인 경계를 허무는 데 기여했다.

알렉스 고르스키는 연구 개발 리더와 영업 리더를 핵심 분야의 공동 책임자로 임명했다. 시장 변화의 속도가 가속화되고 새로운 약품 및 건강 제품의 수요가 급속하게 늘어났기 때문이다. '공동 임원two in a box' 은 완전히 새로운 방식은 아니다. 하지만 존슨앤존슨은 두 분야의 운영을 조화롭지만 강력하게 추진했다. 이 모델은 기업 전체의 책임감과 협업 정신을 강화했다.

"지난 5년간 우리는 30년을 합친 것보다 더 많은 혁신을 이루어 냈습니다. 놀라운 전환 속도에 발맞추기 위해 연구 개발과 영업 기능을 연결하였습니다. 또한 양쪽 부서에서 뛰어난 성과를 거두는 인재를 공동 리더로 임명하는 구조를 개발하기에 이르렀지요."

이 모델은 상부에서 시작되었으며 차츰 치료학 같은 특정 분야로 깊이 파고들었다.

"면역학과 같은 치료 분야를 살펴보면 연구 개발 책임자와 영업 부문 책임자가 함께 일하면서 놀라운 성과를 거두었습니다. 회사의 모든 가족에게 이 모델은 새로운 기업가 정신, 혁신, 책임감을 불러일으켰고 이는 기업 전반에 걸쳐 성장으로 이어졌지요."

'공동 임원' 모델에서는 연구 개발 리더와 영업 리더가 공동의 책임을 공유하고 서로 이해하며 의지해야 해당 분야의 성공과 성장을 이뤄 낼 수 있다.

"공동 작업을 돕기 위한 적합한 환경을 조성하고, 적절한 기대치와 인센티브를 설정하며, 이를 실천에 옮길 개발 시스템을 만들어야 했습니다."

알렉스 고르스키는 경계 너머를 볼 줄 아는 인재를 채용하고 이들의 업무 능력을 발전시키는 데 집중했다. 사내 연구를 통해서만 새로운 혁신 제품을 모색하는 전통 제약 관련 접근법을 변화시켜 외부에서도 신약 개발에 필요한 아이디어를 수용하도로 조치했다.

"우리는 내부 연구 개발에 헌신하는 동시에 유기적인 성장과 혁신, 파트너십 혹은 인수를 통해 할 수 있는 가장 활발한 혁신 시스템을 조성하는 걸 중시합니다. 우리는 이를 '혁신 불가지론'이라고 부릅니다. 이 시스템은 조직 내부든 외부든 상관없이 최선의 아이디어와 혁신에 초점을 맞추게 하지요. 과학이 빠르게 발전하는 시기에 성공하기 위해서는 민첩해야 하고 흥미롭고 참신하면서도 차별화된 플랫폼을 식별할 수 있어야 해요. 존슨앤존슨에서는 플랫폼을 우리의 방식에 맞추어 받아들이고 글로벌 시장에 신속하게 솔루션을 제공합니다."

이와 같은 새로운 철학에서는 과거와 다른 사고방식을 갖춘 리더를 개발하고 육성하는 일이 필요하다고 알렉스는 설명했다. 미래의 리더는 훨씬 민첩해야 하고 여러 주제에 관해 깊이 이해하며 여러 분야를 아우르는 데도 익숙해져야 한다. 출처가 어디든 상관없이 새로운 아이디어를 가지고 일하는 것을 좋아해야 한다. 또한 앞으로는 한 분야에서만 전문가로 남아서는 살아남을 수 없다.

"오늘날의 환경은 그 어느 때보다 역동적이고 까다로우며 다채롭습니다. 의료 분야에서 놀라운 기회를 붙잡으려면 리더는 내부뿐 아니라 외부와도 협업을 잘해야 합니다. 우리 모두가 큰 보상과 중요한 역할이 걸려 있음을 깨닫고 성공에 몰두하는 변화를 창조해야 합니다."

수차례 1억 달러에 달하는 인수를 통해 10억 달러 이상의 플랫폼을 창출한 경험이 존슨앤존슨의 기업 가치를 크게 높이는 데 이바지했다.

"그게 바로 존슨앤존슨만의 비결이죠."

알렉스 고르스키는 실행에 온전히 집중한다. 존슨앤존슨의 리더들은 과거에는 하급 임원들에게 계획 실행을 위임했을지 몰라도 이제는 실행의 모든 세부 사항에 직접 관여한다.

"리더들이 전략을 세우고 팀원들에게 맡기는 시절은 지났어요. 환경이 급변하기 때문에 지속적으로 상황을 인식해야 합니다. 리더라면 누구나 전략과 실행 양쪽에 중점을 두어야 성공할 수 있습니다."

리더가 특정 책임 혹은 전문 분야 밖의 문제에 대해서도 동료에게 피드백을 요청하고 제공하도록 장려하는 운영 리듬을 알렉스가 개발한 점도 중요하다. 알렉스 자신도 리더들에게 도전하며 시의적절하고 직접적인 피드백을 제공한다. 관리자들은 회사 전반에 걸쳐 수평적으로 사고하는 팀에게 인센티브를 줌으로써 보다 우수한 조정 및 협업적 사고를 구축했다.

존슨앤존슨에서 일어나는 이 모든 변화는 새로운 종류의 최고 인사 책임자인 CHRO를 필요로 한다. 새로운 CHRO는 반드시 회사 리더들과 활발하게 협력해야 하며, 관리 업무에만 집중하는 것이 아니라 전반적인 사업 성과

면에서 파트너가 되어야 한다고 알렉스는 강조한다. 성공적인 CHRO는 필요에 따라 조직을 변화시킬 수 있어야 하고 누구나 다가가기 편한 사람이어야 한다. 즉 '공감과 절박감의 올바른 균형'을 갖추어야 한다. CHRO는 CEO와 리더십 팀이 신뢰할 수 있는 조언자여야 한다. 알렉스는 자신의 CHRO인 피터 파솔로Peter Fasolo와 정확히 이런 관계라고 언급한다.

"어느 날이든 그날 제가 처음이자 마지막으로 이야기를 나눈 사람이 피터가 아닌 적이 거의 없습니다. 우리는 서로를 전적으로 존중하고 신뢰합니다. 어떤 이야기를 해도 그는 늘 자신감이 있고 편안하게 상대방을 대합니다. 우리 모두 조직에 최선의 결과를 기대하고 노력하기 때문이지요."

알렉스 고르스키는 리더십 팀이 피터 파솔로와 긴밀한 관계를 형성하고 주요 결정 사항에 대해 피터에게 솔직히 털어놓기를 바란다고 말했다.

"CHRO는 사람들이 본능적으로 신뢰하는 사람이어야합니다. 저는 피터에게 우리 기업 리더들이 그에게 날마다 연락하지 않으면 곤경에 처할 거라고 말합니다. 사람들은 피터에게 의지합니다. 그가 가치를 더하기 때문이죠."

알렉스 고르스키의 비전은 존슨앤존슨의 의사 결정 속도를 향상시켰다. 이는 인재와 관련한 그 자신의 결정에도 적용된다.

"적절한 리더를 채용하거나 지지했다는 사실을 알게 되면 그들이 성공하고 기회를 잡을 수 있도록 돕는 데 집중하세요. 실제로 새로운 리더를 평가할 때 저는 항상 그 사람에게 얼마나 많은 경영진이 지지를 보냈는지, 얼마나 많은 사람이 그들의 커리어에서 그 사람에게 도움을 받았는지부터 묻습니다."

2019년 말 팬데믹이 닥쳤을 때 존슨앤존슨은 즉시 코로나 백신을 개발하기 시작했다. 회사는 본능적으로 새로운 작업을 구상하여 놀라운 속도로 연구에 박차를 가했고 과학자들은 재빨리 기회를 잡았다. 알렉스 고르스키와 집행 위원회 부회장 겸 존슨앤존슨의 최고 과학 책임자인 폴 스토펠스Paul Stoffels 박사와 맺은 긴밀하고 역동적인 파트너십이 존슨앤존슨의 대응책의 핵심에 자리한다.

"팀에서 최고의 결과를 이끌어 내는 스토펠스 박사의 혁신적인 리더십과 역량이 우리가 그토록 탁월한 작업을 수행할 수 있었던 원동력이었습니다. 우리의 과학자들이 박사의 리더십 아래 한 단계 도약했죠. 존슨앤존슨의 모두가 그랬듯 이들은 전 세계적인 건강 비상 사태에 깊이 헌신했습니다. 2020년 1월 스토펠스 박사는 과학자들이 유전체 염기 서열 정보를 받은 지 그야말로 몇 주 만에 개발을 위한 서너 명의 후보자를 추천하는데 결정적인 역할을 했어요."

존슨앤존슨 리더들 간의 파트너십은 사회의 가장 복잡한 문제를 해결하기 위해 기업이 어떻게 과학과 혁신,

목적의식이 뚜렷한 리더십을 결합할 수 있는지 보여 주는 사례다.

"어떻게 우리의 규모와 범위, 전문 지식을 활용하여 전 세계 사람에게 긍정적인 영향을 미치고 모든 주주가 장기적인 가치를 거둘 수 있게 하는 제품을 만들지 되새기는 순간이었죠."

스토펠스 박사와 함께 작업을 감독할 최고의 인재를 확보하기 위해 존슨앤존슨은 은퇴한 임원에게 연락하여 회사에 다시 돌아오라고 설득했다. 그에게 이런 유형의 운영 작업에 반드시 필요한 전문 지식이 있었기 때문이다. 유럽 그룹 회장이었던 전직 임원 잭 피터스Jack Peters에게는 이미 유통 및 접근 계획을 지원하는 데 필요한 정보망과 기술이 있었다.

"우리는 개발도상국을 포함한 진 세계에서 우리의 백신에 접근할 수 있는 유통 시스템을 개발해야 한다는 사실을 깨달았어요. 빌앤멀린다게이츠재단Bill and Melinda Gates Foundation부터 가비GAVI까지 모든 층위의 국제기관과 협력했습니다. 단기간에 백신의 연구 및 개발부터 전 세계 수십억 명을 상대로 한 유통망을 만들기까지는 엄청난 노력이 필요했죠. 누군가에게 이런 일을 신속하게 처리하는 방법을 훈련시킬 수는 없어요. 이미 스마트폰에 모든 번호가 있고 네트워크상에서 신뢰와 확신을 쌓은 사람이 필요했습니다. 그게 바로 잭이었어요."

이와 같은 집중적인 노력 덕분에 2021년 말 새로운 코로나 바이러스 백신이 순조롭게 승인되고 출시되었다. 백신 개발과 출시 과정은 존슨앤존슨의 민첩성뿐 아니라 굳건한 가치 기반 및 목적 중심 문화를 반영하는 사례다. CEO로서 알렉스 고르스키는 환자와 소비자에게 진심으로 헌신하며 일하는 리더십 팀과 조직을 구축했고 리더들이 회사의 신조에 따라 일하는 시스템을 창출했다. 이 목적 중심의 경영 방식은 조직 구성원 모두의 책임감과 더불어 경이로운 사업 성공을 이끌어 냈으며 존슨앤존슨을 '135년 된 스타트업'으로 탈바꿈시켰다.

존슨앤존슨

램 차란

135년 된 대규모 기업도 성장형 사고방식에 따라 운영될 수 있다. 알렉스 고르스키는 존슨앤존슨에 성장형 사고방식을 주입시켜 기업을 여느 스타트업 못지않게 민첩하게 만들었다. 알렉스는 코끼리도 춤을 출 수 있다는 사실을 성공적으로 증명하였다.

• 기존 대기업이 속도와 민첩성을 확보하는 데 있어 맞닥뜨리는 장애물은 CEO에게 보고하는 리더의 사일로적 마음가짐이다. 알렉스는 여러 성장 원동력을 하나의 책임, 하나의 사업 계획, 하나의 자원 할당 모

델, 하나의 보상 계획, '적합한 역할에 종사하는 적합한 사람들'이라는 하나의 의사 결정으로 통합시켰다. 기업 자체가 더는 사일로 현상에 시달리며 운영되지 않았다. 알렉스는 리더십 팀에 외부에서 온 새로운 아이디어를 열린 마음으로 받아들이도록 독려했다. 이는 다른 기업과 맺는 제휴 및 인수로 이어지고 모든 것을 자체 개발한다는 기존의 통념에서 벗어날 수 있게 했다. 경계를 넘나들며 일한다는 사고방식은 존슨앤존슨의 시가 총액을 크게 늘리는 원동력이다.

- 알렉스와 CHRO 피터의 협업은 뛰어난 CHRO가 미치는 전략적인 영향을 증명하는 사례다. 그가 날마다 가장 처음, 가장 마지막으로 대화하는 사람이 피터라는 이야기를 들으니 놀라웠다. 피터는 동료와 다른 부문의 리더를 위해 그들이 찾고 있던 가치를 완고하게 했다. 피터는 자신의 능력을 조직 전체에서 정책

과 프로세스를 추진하는 데만 쓴 것이 아니다. 그는 알렉스의 스파링 파트너였고 중대한 인재 결정, 조직 설계, 인센티브에 건실한 의견을 보탰다. CHRO는 자신의 역할을 다른 리더에게서 이끌어 내려고 노력해야 하며 그들이 서로 협력하여 창출하는 가치와 관련하여 생각해야 한다.

• 알렉스는 모든 리더에게 유난히 높은 기준을 요구한다. 존슨앤존슨에서 성공하기 위해서는 전략을 다루는 데 탁월한 동시에 디테일과 세밀한 실행에도 몰두해야 한다. 리더십 팀의 모든 임원은 명령과 인센티브를 따른다는 점에서, 서로 도전한다는 점에서 연결되어 있다.

모든 CEO는 리더십 팀이 이 기준을 따르게 해야 하며, 전략을 기획하고 방향을 설정할 때만큼이나 실행에 있어서도 철저히 노력할 것을 당부해야 한다.

TALENT

고장 나지 않으면
고치지 않는다?

헴넷
HEMNET

스톡홀름의 한겨울 아침, 나는 동료와 함께 헴넷과 첫 회의를 하기로 한 건물 밖에서 벌벌 떨고 있었다. 연락하고 기다리고 몇 차례 더 연락한 뒤에 건물로 들어가 몸을 녹이며 따뜻한 환영을 받았다.

하지만 회사의 리더십 팀과 인터뷰를 앞둔 상태에서 휴식을 취하거나 긴장을 풀 여유는 없었다. 잠시 뒤 헴넷의 CEO가 직원들과 하는 타운 홀 형식의 회의를 열었다.

나는 즉석에서 헴넷에 제너럴애틀랜틱이 투자하고 회사를 확장하기 위해 경영 팀과 협력하게 되어 기쁘다고 이야기했다. 회의가 끝난 뒤 CEO와 세 시간 동안 대화하면서 첫 번째 일대일 평가를 시작하였다.

2017년 초였고 제너럴애틀랜틱은 스웨덴의 부동산 거래를 쥐락펴락하는 온라인 사이트 헴넷에 투자했다. 쉬운 일은 아니었다. 2016년 초 투자에 정체가 있었고 규제 당국은 독점 금지 우려에서 거래를 중지시켰다.

프로세스가 재개되자 거래를 설계한 제너럴애틀랜틱의 파트너 크리스 컬킨Chris Caulkin은 발 빠르게 움직였다. 크리스는 온라인 에서 풍부한 경험을 했다. 무엇보다 프랑스의 세로거SeLoger와 벨기에의 이모웹Immoweb에 하는 투자를 주도했다. 오랜 세월에 걸쳐 크리스는 수많은 온라인 기업을 살펴보며 업계에 대한 애착과 주요한 성과 패턴에 관한 지식을 키웠다. 이런 경험 덕분에 그는 헴넷이 독특한 기업임을 한눈에 알아보았다.

헴넷은 90% 이상의 시장 점유율과 약 88%의 소비자 인지도를 기반으로 스웨덴의 주거용 주택 중개 사업에서 중심 위치를 차지하고 있었다. 스웨덴의 주거용 부동산 업계 전체가 헴넷 플랫폼에 의존한다고 해도 과언이 아니다. 크리스는 그의 경험을 바탕으로 헴넷과 하는 협상을 이끌었고 마침내 제너럴애틀랜틱이 지분의 60%를 인수하면서 이 비상장 인터넷 기업에 약 2억 4,100만 달러라는 암묵적인 가치를 제공하며 거래를 마무리했다.

헴넷은 1998년 스웨덴의 두 부동산 중개 협회와 두 개의 가장 큰 부동산 중개 회사에서 설립했다. 온라인 툴을 사용하여 주거용 부동산 소유자와 판매자를 결합시켰다. 초반에는 중개 비용을 청구하지 않았으며 모자란 비용을 채우기 위해 웹사이트에서 광고를 판매했다.

2013년부터 중개에 대해 부동산 판매업자에게 요금을 청구하는 방식으로 운영 모델을 바꾸었다. 헴넷은 구매자와 판매자 모두에게 거대한 부동산 목록과 서비스에 대한 접근 권한을 제공할 뿐 아니라 중개인이 사업을 촉진할 수 있도록 지원하는 툴을 제공한다. 현재 매주 3만 명에 이르는 사람이 헴넷의 홈페이지를 방문한다.

탄탄한 실적에도 불구하고 우리는 헴넷에 아직 개발되

지 않은 잠재력이 있다고 믿었다. 헴넷을 현재 인기 있는 형태 이상으로 확장하여 새로운 관련 사업을 개발하고 웹 사이트를 더욱 모바일 친화적으로 만들어 대규모 고객층에서 수익을 창출하여 마진을 크게 올릴 수 있다고 보았다. 이를 위해서는 제품 혁신과 고객 중심 및 결과를 지향하는 공격적인 새 계획과 새로운 기업 문화가 필요했다. 헴넷에는 성장 지향적인 CEO가, 변화를 위한 갈망과 기업가 정신이 뼛속 깊이 파고든 사람이 필요했다.

월요일 아침, 이 책에서 존이라고 부를 CEO와 한 회의는 유쾌한 분위기에서 출발했다. 존은 열정적이고 따뜻했으며 매력적이었다. 그리고 제너럴애틀랜틱의 투자에 기뻐하는 것처럼 보였다.

존은 실적이 좋았고 헴넷은 대단히 성과가 좋았다 전하고자 하는 메시지도 있었다. 그는 과거에 크게 성장한 소비재 회사의 총괄 매니저였으며 국제 경험도 풍부했다. 헴넷에서 수익과 EBITDA 성장을 감독하고 회사의 성공을 좌지우지하는 브로커들과 맺는 관계를 개선했다. 일찍이 헴넷이 중개 비용을 인상하자 많은 브로커와 판매자가 이에 맞섰다. 하

지만 존은 브로커 및 고객과 나눈 대화에 상당 시간^{적어도 수}
^{천 번이라고 했다}을 투자하여 그들의 우려를 가라앉히고 신뢰를
재구축했다고 말했다. 이 모든 것이 상당히 긍정적이었다.

우선순위에 대해 묻자 존은 최우선순위가 리더십 팀
의 빈자리를 채우는 일이라고 말했다. 관리자 6명, 즉 사
업 라인 책임자 3명, 고위 임원 3명이 그에게 직접 보고
했다. 하지만 그는 그중 세 자리가 비어 있으며 적절한 후
보자를 찾아서 채용하기가 어려웠다고 말했다. 헴넷은 연
간 2천만 달러 이상을 창출했음에도 헴넷이 지불할 수 있
는 봉급의 규모를 한정하고 영입할 수 있는 후보자를 크
게 제한하고 있었다.

존이 이러한 사실을 밝히자 나는 한 가지 의문이 생겼
다. 왜 그는 채울 수 없는 자리를 채우려고 애쓰는 걸까?
적절한 인재를 배치하기 위해 기업의 전망을 개선하고 구
조를 조정할 수는 없을까?

그 밖의 우선순위에 대해 묻자 그는 거의 없다고 말했
다. 과거의 주주들이 그에게 다른 전략적 목적으로 압박을
가하지 않았기 때문이다. 존은 새로운 주주가 들어와서 성

장 계획을 공유하고 그가 새로운 우선순위를 파악하는 데 그들의 도움을 받기를 원한다고 말했다.

존은 KPT^{Keep Problem Try, keep은 좋았던 점, problem은 나빴던 점, try는 다음에 시도할 점}를 확실하게 회사에 적용하기 위해 각 부문에 성과 기준을 마련하여 임원들이 경영상 책임을 다하게 할 것이라고 설명했다. 하지만 의도는 둘째 치고 프로세스를 실제로 진행하지 않고 있었다. 그는 이사회가 그에게 아직 요청하지 않았다고 설명했다.

나는 잠시 당황했다. 리더십 자리 절반이 공석이고 성장 우선순위에 대한 명확성도 부족하며 경영 성과를 꾸준히 측정하는 시스템도 없는데 헴넷은 어떻게 성공적인 기업으로 주목받았을까? 크리스 컬킨이 헴넷의 문화가 자신이 원하는 것처럼 높은 성과를 거두지 못하게 한다고 말한 기억이 떠올랐다.

경영 팀의 다른 사람과 함께 자리에 앉아 있을 때 나는 이들에게 직접 질문을 던졌고 어떻게 된 상황인지 파악할 수 있었다. 경영진은 나에게 존은 항상 합의를 이루어야 한다는 입장을 내세우며, 이런 입장은 대체로 그의 강점이 될 수 있다고 말했다. 하지만 그들은 합의를 강조하는 존의 성향이 섣불리 판단하기 어려운 문제를 만났을 때 걸림돌이 되지 않을까 우려했다.

존의 강점은 소비자 및 헴넷 직원들과의 관계에 있었다. 하지만 그에게는 단호한 조취를 취해야 하거나 긴장을 유발하는 문제에 결부되기를 꺼린다는 단점이 있었다. 그는 리더십 팀과 우호적인 관계를 맺고 싶어 했다. 충돌이 아니라 합의를 원했다. 그는 소비자 기술 사업에 정통했지만 신제품 개발이나 전략적인 계획 프로세스를 진행하는 데 필요한 경험이 없었다. 유능한 CEO와 성장형 CEO 사이에 차이가 있다는 사실이 뚜렷해지고 있었다. 헴넷에 필요한 과제는 성장과 변화였다.

사흘째 되던 날 최종 인터뷰가 끝나고 나는 동료 카밀라 비앙카디Camilla Biancardi와 그동안 기록한 주석 달린 메모 200페이지를 챙겨 커피숍으로 갔다. 우리가 알아낸 사실을 검토하기 위해서였다. 모든 것이 우리가 더는 피할 수 없는 질문으로 향했다. 존은 헴넷의 다음 단계에 적합한 CEO인가?

우리가 현장에서 3일을 보내며 배운 모든 것을 고려할 때, 헴넷은 사업 규모를 확장하고 문화를 혁신시키며 새로운 생산 라인을 도입하고 기술을 업그레이드하면서 기업 여정의 다음 단계에 관한 중요하고 새로운 전략을 설계해야만 했다. 하지만 존은 이 부담스러운 임무를 감당할 만한 리더로 보이지 않았다. 우리는 탄탄한 실적을 쌓은 CEO가 헴넷의 미래에 적절하지 않다고 설명해야만 했다. 이 결론은 얼핏 보기에 비합리적인 판단으로 여길 수 있었다. 하지만 우리는 이것이야말로 저녁 식사를 하면서 이야기를 나눌 크리스 컬킨과 다른 두 이사회 임원에게 전달해야 할 메시지라고 생각했다. 우리만의 힘겨운 결정을 내려야 했다.

나와 카밀라는 생각을 정리하고 저녁 식사 자리로 향했다. 대화에는 긴장감이 따를 것이며 놀라운 반전이 있을 수도 있다는 사실을 알고 있었다.

우리는 가까운 식당의 한적한 구석에서 만났고 자리에 앉으며 가벼운 대화를 주고받았다. 하지만 곧 이사회 임원들이 내게 리더십 역량에 대한 의견을 물었다.

나는 솔직하게 털어 놓았다. 존은 앞으로의 사업을 이끌 적임자가 아니고 교체할 사람을 찾아야 하며 빠르면 빠를수록 좋다고 말했다. 이유는 그가 지금은 제법 괜찮은 성과를 내고 있지만 회사의 방향을 조정하고 확장하거나 우리가 계획한 수익을 거둘 준비가 되어 있지 않기 때문이라고 설명했다. 헴넷 경영진 대다수가 나의 우려에 공감한다는 말도 덧붙였다.

핀이 떨어지는 소리까지 들릴 것 같은 침묵이 흘렀다. 이사회에서 예상하거나 듣고 싶어 하는 말은 아닌 것 같았다. 저녁 식사를 하기 전에 미리 상의할 시간이 없었으므로 크리스 컬킨은 이 말을 처음 들었고, 그 역시 놀란 것 같았다.

CEO를 해임하는 문제는 가볍게 여겨서는 안 되며 일반적으로 제너럴애틀랜틱이 취하는 접근 방식도 아니다. 우리는 창업자와 CEO를 뒷받침하고 이들이 사업을 성장시켜 투자 목적을 실현할 수 있도록 지원하는 방법을 선호한다. 물론 의견을 전달한 뒤 즉각적인 반발이 있었다. 우리는 저녁을 먹으면서 사려 깊으면서도 합리적인 대화를 나누었다. 분야별로 헴넷의 긍정적인 발전 과정을 검토했다. 수익이 증가하고 있었다. 브로커 커뮤니티와의 관계도 향상되었다. 파산한 회사도 아니었고 심각한 도움이 필요하지도 않았다. 순조로웠다.

우리는 과거의 성과를 이끈 핵심 원인을 분석하고 헴넷이 전략적 목표를 달성하기 위해 갖춰야 할 구성 요소에 대해 논의했다. 과거에는 신제품 출시, 시장 혁신, 사업 프로세스 업데이트, 마진 개선보다는 수익 증대를 위한 중개 수수료 인상이 성공의 핵심 요인이었다. 하지만 앞을 내다봤을 때 여러 가지를 해결할 필요가 있었다. 그 과제에는 신제품 라인 개발, 모바일에서 웹사이트의 성능 개선, '기술적인 부채'에 대처하는 전략이 포함되었다. 연기되었던 기술 업그레이드 때문에 생긴 문제를 해결해야 한다는 뜻이다.

조직이 최대한 잠재력을 발휘하기 위해 전력을 다해야 했고, 이를 위해 강력한 리더십과 명확한 우선순위, 성과 관리 시스템의 적용이 필요했다.

대화를 통해 모든 문제를 풀어 가려 애쓰는 존은 성공

적으로 사업을 감독하긴 했지만 사업을 다음 단계의 성장으로 이끌기에 적합하지 않다는 점이 명확해졌다.

그 뒤 이사회 임원들은 어떻게 존을 교체할 것인지, 상대적으로 좁은 국가 규모와 인재 풀을 감안했을 때 스웨덴에서 좋은 후보자를 찾을 가능성이 얼마나 되는지 물었다. 우리는 스웨덴에서 CEO 경험이 있으며 유능한 소비자 기술 담당 임원을 찾는 일은 쉽지 않다고 인정했다.

CEO를 교체하는 일은 결코 가볍게 넘어갈 수 있는 문제가 아니다. 수십 년 동안 제너럴애틀랜틱에서 수십 개 회사와 일한 경험을 토대로 볼 때 투자 수익은 CEO를 교체하는 시기와 그와 같은 변화를 감당하는 횟수에 크게 좌우된다는 사실을 알 수 있다. 평균적으로 한 명의 CEO가 교체되었을 때 내부수익률^{IRR}은 15.7%였는데, 이는 선택이 성공적이며 재고의 여지가 없다는 뜻이다. CEO가 두 번 이상 바뀔 때는 IRR이 평균 2.8%로 떨어졌다. 필요할 경우 투자 종료 1년 내에 CEO를 교체했고 이때 평균 IRR이 36.1%로 급등했다는 사실이 중요하다.

이보다 명확한 메시지는 없을 것이다. 데이터를 통해

서도 알 수 있듯이 포트폴리오 기업에서 새로운 CEO를 영입할 필요성을 고려할 때는 확고한 판단에 따라 신속하게 움직이는 것이 중요하다. 단호하면서도 사려 깊은 조치는 가치 창출에 엄청난 차이를 만든다. 이 데이터를 바탕으로 우리는 헴넷과 함께 빠르게 움직여야 했다.

이사회 임원들은 앞으로 존을 교체한다면 즉시 그를 내보내고 임시 CEO를 지명한 다음 공개 검색을 시행하는 편이 좋을지, 아니면 비밀리에 검색을 시작하면서 당분간 그를 지금의 자리에 두는 편이 좋을지 물었다. 한 임원은 우리가 즉시 CEO를 내보낸다면 헴넷이 우왕좌왕하는 것처럼 보일지도 모른다고 우려하며 검색을 하는 동안 존을 책임자로 유지하는 편이 안전하다고 생각했다. 하지만 더욱 깊이 분석한 결과 뚜렷한 우선순위의 부재와 고위층의 공석 수를 고려할 때 긴급하게 대처해야 하고 헴넷의 경영진에게 제너럴애틀랜틱의 결심이 확고하다는 사실을 알려야 한다는 데 의견을 같이 했다.

헴넷의 잠재력은 엄청났지만 빨리 움직여야만 그 잠재력을 실현할 수 있었다. 나는 현재의 CEO를 그대로 둔 채

비밀리에 검색을 시도한다면 번거로운 절차 때문에 일이 상당히 지연될 것이라고 경고했다.

우리는 자정이 넘어가도록 여러 선택지를 두고 고민했다. 논의는 점차 치열해졌지만 정치적 이익이 개입하거나 하지는 않았다. 날이 밝아 올 무렵 우리는 즉시 CEO를 해임하고 최고 기술 경영자인 CTO를 임시 CEO로 임명한 뒤 검색을 시작하기로 결정했다.

다음 단계는 우리의 제안을 더 광범위한 규모의 이사회에 설명하고 이사들이 투표하게 하는 일이었다. 이사들은 만나기 무섭게 열띤 논의를 펼치며 신중하게 내 조사 결과를 검토했다. 그러고는 우리의 계획을 지지하는 쪽으로 투표했다.

우리는 자격을 갖춘 검색 회사를 선정하고 검색 전략을 개발하기 위해 신속하게 움직였다. 두 회사를 인터뷰하고 러셀레이놀즈어소시에이트와 일하기로 결정했다. 또한 스웨덴에 거주하며 스웨덴의 인재 풍토는 물론이고 적임자를 찾는 어려움까지 이해하는 컨설턴트와도 협력했다.

물론 후보 선택의 기준을 개발하는 과정이 핵심이었

다. 이사회와 제너럴애틀랜틱 사이에 연대를 구축해야 했다. 특히 협상이 불가능한 부분과 필요한 경우 타협이 가능한 부분에 대해 합의해야 했다.

우리는 새로운 리더에게 다음과 같은 경험과 능력이 있어야 한다는 결론을 내렸다.

- 4~6년에 걸쳐 소비자 기술 사업을 3~4배 성장시킨 동시에 이윤을 확대한 실적
- 신제품 및 사업 라인을 개발하고 출시한 실적
- 강력한 리더십 팀을 채용하고 구축한 실적
- 혁신을 도모하기 위해 문화 전환을 이끈 경험
- 스웨덴 사람 또는 스웨덴 시장과 문화에 정통한 사람

우리의 목록은 생각을 확정짓기 전까지 네 차례나 수정을 거쳤다. 우리의 과녁을 명중시킬 후보는 CEO이거나 CEO였어야 하며, 사업을 성장시킨 경험이 있어야 했다. 하지만 필요하다면 총괄 관리자로서 사업 라인을 운영한 경험이 있는 사람에게도 기회를 주기로 했다. 협상 불가

능한 기준은 과거에 소비자 기술 및 디지털 마케팅 경험이 있어야 한다는 점과 문화 전환을 이끄는 능력이었다.

우리는 발 빠르게 움직였고 러셀레이놀즈어소시에이트는 대략 열흘 만에 초기 후보자 명단을 가지고 왔다. 그 뒤 일을 진행하며 크리스 컬킨은 검색 관련 작업을 지휘했고 우리는 매주 진행 상황을 검토하는 일정을 유지했다. 내 중요한 업무 중 하나는 과거 CEO 검색을 이끈 적이 없는 크리스와 긴밀하게 작업하며 그를 지원하는 일이었다. 그는 최선의 접근법에 관해 물었고 나는 신중하게 데이터 중심으로 접근하라고 충고했다.

몇 주 내에 나는 최종 후보 명단에 오른 사람을 만났다. 세 명의 후보자로 압축되었는데, 그중 두 명은 외부 인사였고 한 명은 내부 인사로 회사의 임시 CEO이자 헴넷의 CTO였다. 우리는 두 명의 외부 후보자를 초청하여 사례 연구에 참여케 했다. 그렇게 하면 그들이 실제로 일을 처리하는 모습을 볼 수 있다. 이때의 성과를 기반으로 대단히 유능한 후보자인 세실리아 벡 프리스^{Cecilia Beck-Friis} 쪽으로 마음을 기울였다.

세실리아는 현직 CEO는 아니었지만 스웨덴 텔레비전 네트워크인 TV4에서 눈에 띄는 실적을 거두었다. TV4에서 그녀는 디지털 광고 수익과 구독자 기반을 성공적으로 성장시켰고 회사의 디지털 제품 개발을 이끌었다. 문제가 있던 팀을 물려받아 수차례 어려운 인사 결정을 내렸다. 과거 그녀가 역할을 수행하며 빠르고 단호하게 움직였다는 점이 마음에 들었다. 그녀는 여러 번 승진했지만 결국 TV4를 떠나 가상 현실 사업을 시작하게 되었다.

모든 것이 순조롭게 흘러가고 있었다. 그런데 우리가 그녀에게 제안을 하기 직전에 크리스가 세실리아의 전화를 받았다. 세실리아는 물러나기로 결정했으며 고려 대상에서 제외되고 싶다고 말했다. 충격적인 소식이었다. 하지만 그녀는 좀 더 생각해 본 뒤 자신이 바람직하다고 생각하는 대로 헴넷을 운영하고, 성공을 이루기 위해 이사회에서 온전히 권한을 부여받고 필요한 자원을 제공받을 것인지가 분명하지 않다는 의견을 피력했다. 무일푼에서 일궈 낸 가상 현실 사업을 떠나기도 고통스럽다고 말했다. 채용의 정확성을 보장하기 위해 신중을 기했던 검색 과정도 그녀가 회사에 합류하기 위한 결정을 굳히는 데 별 보탬이 되지 않았다.

당시 우리는 그녀가 헴넷을 이끌기에 적합한 사람이라고 확신했기 때문에 포기할 생각이 없었다. 그녀의 걱정을 덜어 주기 위해 우리는 제너럴애틀랜틱의 CEO 빌 포드가 직접 그녀에게 전화를 걸게 했다. 빌은 그녀의 우려를 잘 이해하고 그녀가 원하는 지원과 집행권을 얻을 수 있다는 확신을 주었다. 그는 또한 헴넷에 대한 투자가 제너럴애틀랜틱의 우선순위이며, 리더십 팀은 세실리아가 회사를 이끌어 갈 능력이 있다는 점을 전적으로 신뢰한다고 강조했다. 빌의 전화는 즉시 긍정적인 효과를 발휘했고 세실리아는 제안을 받아들였다. 이 과정에 100일이 소요되었다.

세실리아는 기대했던 대로 뛰어난 CEO였다. 그녀는 막강한 경영 팀을 구축한 뒤 제품 포트폴리오를 확장하도록 도왔다.

헴넷은 3년 만에 매출과 이익이 2배 이상 증가했다. 2021년 4월 헴넷은 나스닥 스톡홀름에서 성공적으로

IPO^{기업공개}를 마쳤다. 주식은 거래 첫날 54% 상승하며 장을 마감했다. 시가 총액이 21억 달러에 달했는데 이는 제너럴애틀랜틱이 처음 투자했을 때보다 10배 이상 증가한 수치다.

핵 · 심 · 요 · 점

헴넷

램 차란

'고장 난 게 아니라면 고치지 말라.'

이 말은 오랫동안 전해 내려온 최악의 지혜일 것이다. 헴넷은 제너럴애틀랜틱이 투자했을 때 '고장 난' 상태가 아니었고 많은 사람이 고치지 않아도 된다고 말했을지 모른다. 하지만 이런 생각은 착각이다. 헴넷 앞에는 몇 번의 크나큰 기회가 있었지만 기회를 붙잡기 위해서는 몇 가지 문제를 바로잡아야 했다.

• 이번 장은 리더를 위한 핵심 메시지를 전한다. 회사가 현재 잘되고 있더라도, 현재의 리더가 반드시 미

래에도 적합하다는 뜻은 아니다. 서류상으로 헴넷의 CEO에게는 적절한 경험이 있었지만 회사는 일정 수준 이상의 뚜렷한 성과를 거두지 못했다.

아니쉬는 CEO가 한 일과 그 일을 수행한 방식에 대해 세부 사항을 낱낱이 파고들어 심층적인 경력 검토를 마쳤다. 또한 CEO가 리더로서 어떤 모습을 보이는지, 그가 장차 회사를 이끌 수 있다고 확신하는지 파악하기 위해 10명 이상의 다른 임원 및 이사회 위원들과 이야기를 나누었다. 결국 아니쉬는 존이 무척 우수한 경영자이기는 하지만 상황에 적절한 리더가 아니라는 결론을 내렸다.

- 제너럴애틀랜틱의 수석 협상 파트너 크리스 컬킨이 상황에 어떻게 접근했는지도 주목해야 한다. 그는 뭔가 잘못되었다는 낌새를 알아차리고는 자신의 본능을 믿고 아니쉬를 개입시켰다. 아니쉬가 자신에게 제

출한 데이터를 믿었고 마침내 CEO를 교체하는 데 동의하는 어려운 결정을 내렸다. 이 결정에는 상당한 용기가 필요했다. 그가 거래를 마치자마자 투자 위원회로 돌아가 회사에 새로운 CEO가 필요하다고 말해야 했기 때문이다.

가끔은 어려운 결정을 해야 한다. 리더들은 너무 오래 한 인재에게 매달리는 경우가 많다. 충성심이 강하거나 과거에 잘해 냈다는 이유에서다. 하지만 충성심도 회사를 위한 것이다. 회사가 우선이다.

• 임원 검색, 특히 CEO 검색을 실행하는 일은 결코 쉽지 않다. 특히 스웨덴처럼 좁은 시장에서는 인재 풀이 제한되어 있다. 리더십 팀은 많은 시간을 투자하여 세실리아가 올바른 후보라는 점을 확신하게 되었지만 그녀가 자리를 원치 않는다는 말을 듣고 말았다. 하지만 크리스는 그 과정 내내 그녀와 맺은 관

계를 구축하는 데 시간을 보냈다. 그녀가 왜 거절했
는지, 무엇을 우려하는지 알아내기 위해 빌 포드에
게 전화를 걸게 했으며 결국 문제를 해결했다. 그의
끈기와 결단력은 적절한 인재를 영입하는 일이 투자
전략의 핵심이라는 제너럴애틀랜틱의 믿음을 잘 나
타낸다.

TALENT

TALENT

적절한 리더를
지지하라

아거스미디어
ARGUS MEDIA

내가 로버트라고 부를 아거스미디어의 CEO는 나와 처음 만나자마자 곧장 사업 이야기를 꺼냈다. 2016년 가을 뉴욕이었고, 제너럴애틀랜틱은 런던에 지사를 둔 에너지 및 소비재 가격 컨설팅·사업 지능 및 정보 서비스 회사 아거스미디어에서 53%의 주식을 인수하면서 당시까지 최대 규모의 단일 투자를 마쳤다. 거래 규모가 컸고 10억 달러 회사로 확장시킨다는 과제가 있었기 때문에 무척

위태로운 상황이었다.

아거스미디어의 CEO 로버트는 세부 사항 전문가였다. 그는 내게 사업에서 비용을 절감하고 가격 인상을 실행하며 경영 팀에 필수적인 인재 업그레이드를 해결하고 보상과 인센티브 프로그램에 착수하기 위한 계획을 설명했다. 아거스미디어는 로버트와 회사의 집행 위원장이자 전직 CEO인 아드리안 빙크스^{Adrian Binks} 아래 우수한 성과를 내고 있었다. 로버트는 프로세스를 강조하여 회사를 운영하는 데 필요한 모든 과정을 개선했지만, 아드리안은 고객과 시장에서 회사를 차별화하는 방식에 초점을 두었다.

아거스미디어와 맺는 거래는 회사의 공동 회장이자 우리의 EMEA^{Europe, the Middle East and Africa, 유럽, 중동, 아프리카 지역을 지칭하는 용어} 포트폴리오를 이끌며 금융 서비스 및 기술 분야를 심층적으로 연구하는 가브리엘 카요^{Gabriel Caillaux}가 주관했다.

새로운 기술과 세계화가 정보 업계를 혁신하는 가운데 아거스미디어에 투자하는 일은 시기상 적절해 보였다. 가브리엘은 회사를 확장하고 기술을 업그레이드하며 새롭게 능력을 발전시키도록 하려는 제너럴애틀랜틱과 맺는 계약이 아거스미디어의 레거시를 구축하기에 적절한 조치라고 최대 주주인 창업자 가족을 설득했다.

가브리엘은 디지털 도구와 최첨단 데이터 분석이 정보 사업에 정통한 전문가에게 갈수록 많은 도전과 기회를 제공하고 있는 상황에서 아거스미디어가 업계 선두 주자가 되기에 좋은 위치에 있다고 판단했다. 가브리엘과 제너럴애틀랜틱의 다른 거래 파트너들은 서류상으로 상당히 훌륭한 투자 논거를 구현하는 것과 실제 시장에서 성과가 뛰어난 경영 팀이 성장 논거를 이행하여 4년에서 5년 사이에 높은 가치 배수를 달성하는 일은 완전히 다르다는 사실을 잘 알고 있었다. 거래가 성사되자마자 가브리엘은 내게 아거스미디어의 리더십 및 조직 전략을 개발하도록 요청했다.

나는 뉴욕에서 로버트와 두 시간 동안 첫 회의를 하는 일부터 시작했다. 우리의 거래 파트너 대부분과 아거스미디어의 임원진이 그를 기업의 미래로 믿고 있다는 느낌이 들었기 때문에 출발이 순조로워 보였다. 그가 장기간에 걸쳐 어떻게 성과를 낼 것인지 파악하기 위해 그의 사고와 리더십 스타일, 운영 리듬을 점검해야 했다.

　로버트는 분명 업무 프로세스와 운영 면에서 뛰어난 관리자였지만 곧 그가 앞길에 커다란 장애물로 여길 만한 근심거리가 있다는 사실을 알게 되었다. 그와 집행 위원장 아드리안 빙크스의 관점 차이와 연대 부족이 로버트의 주요 근심거리였다. 아드리안은 로버트 이전의 CEO였을 뿐 아니라 아거스미디어의 대주주이기도 했다. 그는 제너럴애틀랜틱이 투자할 당시 상당한 주식을 소유하고 있었다.

　로버트는 아드리안의 지지 부족에 우려를 표명하며 자신에게 문제가 있어서 자율권이 보장되지 않는 것 같다고 말했다. 그는 아드리안이 자주 운영에 개입하여 기업의 우선순위, 인재, 가격 책정과 관련된 그의 결정에 자주 반기를 든다고 말했다. 로버트는 아드리안이 집행 위원장으로서 광범위한 지역을 감독하고 지침을 제공하지만 CEO의 일상 업무는 그에게 맡길 것이라고 예상했다고 솔직하게 털어놓았다. 제너럴애틀랜틱과 하는 협업에서 무엇을 기대하느냐고 묻자 그는 자신과 아드리안 사이에 완충제 역할을 해 줄 것을 제안했다.

나는 아드리안은 물론이고 리더십 팀의 다른 멤버와 하는 회의에서 현 상황을 평가하고 정보를 수집하면서 개방적인 태도를 유지해야 했다. 이를 위해 아거스미디어의 이사회장이자 두 번째 최대 주주는 내게 가브리엘 카요, 자신의 팀, 아거스미디어의 위원회와 긴밀하게 협업하여 상황을 해결하고 선택지를 정리하며 데이터 중심의 결론을 도출할 것을 요청했다.

하지만 나는 아드리안 빙크스와 나누는 대화를 시작하기 전부터 어려움에 맞닥뜨렸다. 로버트와 시간을 보내고 아드리안과 리더십 팀을 만나기 위해 런던에 왔을 때 나는 아드리안은 겨우 45분, 다른 리더십 팀 멤버들과는 90분씩 만나도록 일정이 잡혀 있어 깜짝 놀랐다. 다행히 아드리안을 만났을 때 그는 나를 따뜻하고 정중하게 대했으며, 필요한 만큼 얼마든지 시간을 낼 수 있다고 말했다. 우리는 거의 세 시간 동안 이야기를 나누었다.

아거스미디어에서 30년 넘게 일한 아드리안은 사업에 대한 명확한 비전을 제시했다. 그는 아거스미디어가 미국과 아시아 같은 주요 시장에서 확장하고 전 세계 고객들을 상대로 역량을 강화해야 한다고 역설했다. 또한 변화 무쌍한 일용품 시장에서 앞서기 위해 새로운 제품과 분석 능력을 구축하는 일을 비롯하여 탄탄한 장기 성장 전략을 세워야 한다고 강조했다. 아드리안 빙크스는 아거스미디어가 창립한 직후 회사에 합류했고 CEO이자 회장이 되었다. 그는 에너지 시장에 대해 지식의 깊이를 자랑했으며 주요 고객인 석유 회사 및 거래자에게 신뢰와 존경을 받고 있었다. 소비자의 요구를 이해하고 이에 대응하는 일은 아거스미디어가 오랜 업계 리더 S&P글로벌플랫츠^{S&P Global Platts}를 앞서가는 경쟁자가 되는 데 있어 상당히 중요했다.

아드리안은 고객에게 초점을 맞추어 고객이 미래의 시장 수요를 예측하고 생필품 시장, 특히 석유를 분석하고 운영하게 하기 위해 최신식 디지털 도구를 제공하려 했다. 그는 전략적이었고 앞을 내다볼 줄 알았다. 실제로 그는 2010년 로버트를 채용하여 자신은 전체 상황 전략^{big-picture strategy}에 초점을 맞추고 로버트는 업무 프로세스와 내부 운영을 처리할 수 있게 했다. 당시 조직에는 적합한 조치였다. 로버트의 기술은 아드리안을 보완했다. 로버트는 효율적이었으며 업무 프로세스를 개선해 나갔다.

아드리안과 대화를 나누면서 그가 지속적인 확장과 성장에 몰두하고 있음을 알게 되었고, 글로벌 전략을 추구하고 새로운 역량을 확충하면 아드리안이 향후 몇 년 사이에 회사의 가치를 몇 배 이상으로 성장시킬 수 있다고 느꼈다.

나는 아거스미디어에서 약 20명의 임원진을 만나 각자의 구체적인 책임과 우선순위 및 당면한 과제를 파악했다. 또한 임원진 각자가 아드리안과 로버트 사이의 갈등을 어떻게 느끼는지도 신중하게 점검했다. 내가 들은 이야기는 별반 다르지 않았다. 아거스의 경영진은 대부분 두 진영으로 나뉘어 있었다. 한 진영은 로버트를, 다른 진영은 아드리안을 뒷받침했다. 두 진영은 서로 소통하거나 협력하고 있지 않았다. 회사는 우수한 성과를 거두고 있었지만 사일로 현상 역시 겪고 있었다. 정상에 있는 아드리안과 로버트의 결속력이 부족하다는 점이 큰 영향을 주었다. 어느 진영에 속하든 대부분의 경영진은 누구의 지시를 따라야 할지 잘 모르겠다고 털어놓았다.

조사한 내용의 민감성을 고려하여 우리는 리더십 컨설팅 기업 RHR인터내셔널RHR International에 연락을 취해 더 깊이 조사하고 자체적으로 평가를 해달라고 요청했다. 갈등과 결속력 부족에 대한 RHR인터내셔널의 조사 결과는 우리가 내린 결론과 같았다. 결국 우리는 스스로에게 물어야 했다. 어떻게 하면 갈등을 겪는 회사를 10억 달러 기업으로 만들고 30억에서 40억 달러의 수익을 거두게 할수 있을까? 누구의 비전이 이 목표를 달성하는 데 큰 도움이 될까?

나는 둘 사이의 수많은 갈등이 아거스미디어에 로버트가 CEO로 취임하는 과정에서 비롯되었다는 사실을 알게 되었다. 아드리안 빙크스는 총명했고 평범한 집안에서 자수성가한 인물이었다. 아버지는 영국 귀족 가문에서 정원사로 일하다가 제2차 세계대전 때 영국 왕립 공군에서 활동한 뒤 사업을 시작했다. 할아버지는 광부였으며 탄광 천장이 무너지는 사고로 세상을 떠났다. 아드리안은 케임브리지대학에 진학한 뒤 BP에서 첫 일자리를 구하며 석유업계에 입문했다. 고위 경영진을 위해 연설문과 발표 자료를 작성하는 일로 시작했지만 1970년에 터진 오일 쇼크 이후 무역 부문으로 자리를 옮기고 시장과 업계의 핵심 인물에 대한 깊은 지식을 쌓았다. 1984년 아드리안은 영국에 있는 소규모 기업인 아거스미디어에서 일하라는 권유를 받았고 소주주로 투자하기 시작했다. 그 뒤 1990년대에 석유 시장의 규모가 커지고 급속도로 발전하던 때 아드리안은 회사의 CEO가 되어 사업을 크게 성장시켰다.

하지만 2014년 아드리안은 큰 병에 걸렸다. 2008년 세상을 떠난 창업자 얀 내스미스Jan Nasmyth의 자녀들이 계속 주도하던 아거스미디어의 이사회는 아드리안 빙크스가 병가로 자리를 비울 때에도 지속적인 리더십을 확보해야 한다고 생각했다. 로버트는 이사회와 사외 이사 양측에 CEO 자리를 얻어내려는 로비를 시도했고 2015년 6월 이사회는 로버트의 뜻에 동의했다.

아드리안은 건강을 회복하자 집행위원장 자리로 돌아왔고 곧이어 제너럴애틀랜틱이 사업에 투자했다. 로버트는 아드리안이 최고 경영자 직책을 유지하기는 하지만 일상적인 운영에서는 손을 떼리라 예상했다. 그러나 아드리안에게는 강한 창업 정신이 있었다. 오랜 세월 아거스미디어를 이끈 아드리안은 로버트보다 시장을 깊이 이해하고 고객들과의 관계도 더 친밀했다. 이런 점을 파악하는 일은 우리가 난관의 근원을 알아내는 데 도움이 되었다. 나는 갈등을 해결하고 명확하고 결속력 있는 리더십 아래 사업의 규모를 확장할 방법을 찾아야 했다.

나는 로버트에게 앞으로 추진할 전략적 우선순위를 물었고 그는 성과 개선 관리, 인센티브 프로그램, 인재 업그레이드, 운영 프로세스 개선 등을 언급했다. 하지만 두 가지 결정적인 요소가 빠져 있었다. 고객을 언급하지 않았으며, 무척이나 치열하고 변덕스러운 시장에서 아거스미디어를 리더로 살아남게 할 미래지향적인 전략에 대해서도 설명하지 않았다. 로버트에게는 강점이 많았지만 아드리안이 제시한 것과 같은 폭넓은 업계 경험을 보여 주지는 못했다. 그가 자신의 최우선순위에 있는데도 빨리 경영 팀을 업그레이드하고 강화하려는 조치를 취하지 않는 점도 마음에 걸렸다.

나는 조사 결과를 가브리엘 카요에게 가져갔고 우리는

두 사람의 장단점을 판단하는 반복적인 과정을 거쳤다. 아드리안의 강점은 비전과 전략, 고객과 맺은 관계다. 그에게는 해당 분야에 독보적인 통찰력이 있었으며 이 사실은 갈수록 뚜렷해졌다. 아드리안의 비전 없이 회사를 확장하는 방법은 상상하기 어려울 정도였다.

며칠 뒤 아드리안 빙크스를 포함한 모든 주주가 소집되었다. 우리는 로버트와 아드리안의 갈등을 수습하는 일은 불가능하다는 결론을 내렸다. 모두 로버트를 내보내는 것이 회사에 이익이 된다고 느꼈다.

우리는 두 리더에 대한 데이터를 철저하게 수집하고 다른 경영진과 정보를 상호 점검했으며 신중하게 서로의 의견을 경청한 뒤 결론을 내렸다. 그렇게 해서 로버트를 해고하는 일이 현재 적합한 조치라고 확신하게 되었다.

2017년 1월 한 뉴스 기사에서 다루었듯이 '아거스미디어 회장 아드리안 빙크스는 에너지 미디어 및 가격 보고 에이전시에서 CEO로서의 역할을 재개하게 되었다. 미국 투자 회사 제너럴애틀랜틱에 매각을 발표한 지 8개월 만에 일어난 일이다.'

하지만 여전히 해결하지 못한 문제가 있었다. 우리는 기업 내부의 사업을 총괄하는 책임자인 COO의 역할을 맡아 아드리안에게 도움을 주며 아드리안의 멘토링에 따라 시장과 주요 고객들을 파악할 우수한 역량의 리더를 검색하기 시작했다.

나는 아드리안, 가브리엘과 함께 먼저 COO 검색 기준에 대해 논의했다. 검색하는 동안 우리는 매우 친밀한 관계를 유지했다. 우리는 사업 성장과 기술 강화 측면에서 확실한 실적 기록이 있고 사업 전반에 걸쳐 리더십을 증명한 사람을 대상으로 삼아야 한다는 점을 알고 있었다. 아드리안과 협조적으로 일할 수 있는 사람을 선별해야 한다는 점이 가장 중요했다. 여러 기업을 고려한 뒤 헤드릭앤스트러글Heidrick & Struggles을 선정하여 검색을 주관하게 했다.

우리는 자격 요건에 부합하는 수많은 후보자를 만났고 최종 후보 4명으로 의견을 좁혔다. 이들을 수차례 만났는데, 한 사람 당 최대 세 시간까지 걸렸다. 모든 기준을 충족하고 아드리안과도 잘 맞으며 함께 일하기 적합해 보이는 후보는 매튜 버클리Matthew Burkley였다. 그는 여러 번 성공적으로 사업을 구축했고 그중 하나는 직접 세웠기 때문에 사업을 확장하는 어려움을 잘 알고 있었다.

당시 그는 소비재 및 에너지 시장에 대한 실시간 데이터와 분석을 제공하는 또 다른 정보 기업 젠스케이프 Genscape의 CEO였다. 6년 만에 회사의 규모를 3배로 늘려 사업을 안정성 있게 확장하는 자신의 능력을 입증했다. 탄탄한 전략 능력과 톰슨로이터 Thomson Reuters에서 사업을 성장시킨 경험이 있어 에너지 및 정보 업계와 그 이면의 기술을 잘 이해했다. 비교적 젊지만 지적 능력과 기술력이 뛰어났으며 막강한 실적과 더불어 기업가로서 성공한 경험이 있었다. 무엇보다 아거스미디어를 잘 알았고 아거스미디어의 전망에 기대감을 드러냈다.

최종 후보 목록 선정을 진행하며 우리는 매튜 버클리와 또 한 명의 유력한 후보자를 초대해 사례 연구 실습에 참여케 했다. 현장에서의 모습을 관찰하고 사업에 대한 이해도를 점검하기 위해서였다. 우리는 두 후보에게 기업 및 재무 자료를 제공하고 검색 위원회에서 45분 동안 하는 프레젠테이션을 준비하도록 했다. 이후 45분간 질의

응답과 토론이 이어졌다. 두 사람은 모두 인상적인 활약을 펼쳤다.

관건은 최종 후보자가 COO로 합류하여 CEO이자 회장인 아드리안 빙크스 밑에서 일할 의향이 있는가였다. 다른 최종 후보 한 명은 해당 조건을 거부해서 과정에서 제외되었다. 매튜는 리더로서 자의식이 강했고 자존심 때문에 일을 그르칠 유형으로 보이지는 않았다. 그는 아거스미디어가 제안한 위대한 기회와 아드리안이 사업에 끼치는 긍정적인 영향을 잘 이해하고 있다고 말했다. 나는 아드리안과 이야기를 나누었고 매튜가 다른 후보자처럼 CEO 직함을 부여받지 않으면 자리를 거절할까 봐 우려된다고 말했다. 아드리안은 매튜를 점심 식사에 초대해 솔직하게 이야기를 나누겠다고 했다. 다행히 아드리안은 매튜를 설득했고 우리는 2017년 9월 매튜를 COO로 고용했다.

우리는 분열이 생기지 않게 하고 건설적인 협업의 토대를 마련하기 위해 처음부터 신중에 신중을 기했다. 아드리안은 사무실 구조를 개조하여 매튜와 자신이 유리로 된 사무실에서 서로 마주보며 일하게 했다. 말 그대로 투명성을 마련한 것이다. 두 사람은 상대방이 어떤 일을 하고 누구를 만나는지 알 수 있었다. 주요 회의에는 함께 참여했다. 이 설정은 신뢰와 유대를 조성했으며 그들이 공동 안건을 추진하는 데 도움이 되었다.

첫 몇 달 동안 매튜는 공격적인 성과 관리 프로그램을 펼쳐 성과가 저조한 매니저를 교체하고 조직 내 리더십을 강화했다. 아드리안과 그는 빠르게 조치를 취해 아거스미디어의 리더십 역량을 향상시켰다. 미국 담당 리더를 글로벌 사업부 담당으로 승진시키고, 추후 내부 리더를 새로 만든 최고 상업 책임자 역할로 지명하여 세계 규모의 판매와 마케팅을 감독하게 한 일 등이 여기에 속한다. 아거스미디어는 제너럴애틀랜틱의 지원에 힘입어 새로운 CTO와 CHRO를 채용하고, 그 뒤 새로운 글로벌 편집장과 미국 석유 산업 리더도 영입했다. 전 세계적으로 사업을 확장하기 위해 지역 담당 경영진을 상당수 재편하거나 교체했다.

나아가 아드리안과 매튜는 공동으로 작업하며 빠르게 움직여 조직을 개편했고, 조직 내 P&L^{Profit and Loss, 손익 계산} 책임을 강화할 목적으로 사업 부문을 창설했다. 각 부문의 리더는 현재 각자의 P&L 및 고객 관계를 소유하고 있다.

아드리안을 CEO로 지지하고 매튜를 COO로 고용한 일이 올바른 전략이었다는 사실이 증명되었다. 이는 지난 4년간 아거스미디어가 거둔 탁월한 성과로 뒷받침할 수 있다.

협업적인 리더십 아래 아거스미디어의 전체 매출과 순이익은 매년 두 자리 수의 성장을 거듭하고 있으며, 사업은 제너럴애틀랜틱의 초기 투자 이래 20억 달러 이상의 가치를 창출했다.

핵 · 심 · 요 · 점

아거스미디어

램 차란

최고 경영자 두 사람의 갈등보다 시가 총액 창출에 심각한 영향을 끼치는 요소는 없다. 회장과 CEO, 창업자와 CEO, CEO와 COO의 갈등도 마찬가지다. 사업에 큰 지장을 일으킬 수 있다. 기업의 제일 위에서 아래까지 에너지를 고갈시키기 때문이다. 아거스미디어를 통해 우리는 아니쉬와 그의 팀이 두 운영자의 갈등을 신속하게 파악하는 사례를 접했다. 많은 사람이 실수를 저지르는 영역이기도 하다. 사람을 잘못 고를 수도 있고 두 사람 모두 해고할 수도 새로운 사람을 뽑는 데 시간을 낭비할 수도 있다.

- CEO나 사업의 핵심 임원을 결정할 때는 'A'급 리더가 어떤 모습인지 정의하는 기준부터 세워야 한다. 인터뷰하는 모든 사람이 평가해야 하는 프레임워크다. CEO의 경우, 고객과 시장이 움직이는 원리를 깊이 이해하는 일이 무척 중요하다. 고객 없이는 사업도 없다.

  뛰어난 CEO는 회사에 대한 전략 비전이 있어야 한다. 또한 이 비전을 활용하여 팀을 위한 방향을 설정해야 한다. 이 프레임워크는 가브리엘, 아드리안, 아니쉬가 올바른 결정을 하도록 이끌었고 아거스미디어가 20억이 넘는 시가 총액을 창출하게 했다.

- 어떤 변화가 필요한지 알게 되는 순간부터 단호하게 행동해야 한다. 물론 잠시 숨을 고르며 고심해야 하는 시기도 있다. 변화가 영구적이며 큰 영향을 끼칠 때에는 잠시 고민하는 시간을 갖는 것도 괜찮다.

하지만 한 번 결정을 내리고 난 뒤에는 속도가 핵심이다. 아거스미디어의 사례에서도 속도가 결정적인 역할을 했다. 아드리안은 1년 내에 CEO 역할을 재개했고 바로 COO 검색을 시작했다. 아드리안, 가브리엘, 아니쉬는 재빨리 검색 기준을 마련하여 작업이 순탄하게 진행되도록 했다. 과정이 조금이라도 지연됐다면 투자 목표를 달성하는 데 차질이 생겼을 것이다.

• 검색을 진행할 때 지름길은 없다. 성실하게 수행하며 수많은 후보자를 다른 환경에서 수없이 만나 적합한 후보를 고르고 있는지 확인해야 한다. 후보자들이 사례 연구에 참여하게 하면 실제로 일을 처리하는 모습을 볼 수 있을 뿐 아니라 더욱 친밀해지고 회사와 회사의 향후 전망에 대해 기대하게 만든다는 장점이 있다. 한번 적합한 리더가 취임하면 성공할 수 있게끔

기틀을 마련해 주어야 한다. 신뢰를 구축하고 투명성을 창출하여 새로운 리더에게 협업하게 해야 한다. 그렇게 해야만 지속적인 협력 관계를 조성하는 동시에 연대를 확립하여 공통 목표를 추진할 수 있다.

TALENT

성공적인 합병을 위한 리더십 팀을 구축하라

하이어라이트
HIRERIGHT

가이 아브라모^{Guy Abramo}는 2018년 초 제너럴인포메이션서비스^{GIS}의 CEO로 취임했다. 그는 CEO 역할에 활력과 생기를 불어넣었다. 익스피리언^{Experian}에서 소비자 사업부 사장을 지냈고 기술 및 데이터 관리 사업부에서 수년간 일했지만, 사모펀드 지원 회사의 CEO 직책을 맡은 적은 이번이 처음이었다. 물론 오랫동안 좋은 기회를 모색한 끝에 2017년 GIS에 투자한 제너럴애틀랜틱에게도 중요한 기회였다.

2014년부터 피터 무지그Peter Muzig가 이끄는 제너럴애 틀랜틱 파트너들은 기업 생활에서 매우 중요한 새로운 현실, 즉 직장 간 임직원의 이동 가속화에 대해 연구해 왔다. 이 인적 자본 혁명은 고용 전 배경 검증 프로세스의 여러 측면에 영향을 미치면서 재계에 파문을 일으켰다. 특히 신원 조회는 예전에 그랬던 것처럼 형식적으로 밟는 절차가 아니다. 요즘 사람들은 30살이 되기 전에 5개의 직업을 경험할 수 있으며, 그 이후에는 더 많은 직업을 거칠 수 있다. 누군가 한 번 이동할 때마다 회사는 유능한 인재를 채용하기 위해 엄청나게 많은 지원자를 검토해야 한다.

신원 조회는 오늘날 무척 민감한 문제다. 직원 문제와 직원 갈등이 공개적으로 표면화되면 소셜 미디어 채널을 통해 거세게 파문이 일어 회사의 명성에 누를 끼치고 사업에 지장이 생길 수 있기 때문이다. 그런 까닭에 제너럴애 틀랜틱에서 피터는 범죄 기록, 운전 기록, 약물 검사, 고용 및 교육 검증, 업계별 명령 준수 및 검사 요건 등을 철저히 조사하는 신원 조회 관련 서비스를 수행하는 회사 중 하나에 투자하려고 했다. 당시 업계에서 네 번째로 크고 사우스캐롤라이나의 작은 마을에 본사를 둔 GIS는 피터의 제안을 받아들여 길고 긴 대화에 참여했다.

제너럴애틀랜틱은 2017년 3월 창업자에게서 많은 소수 지분을 인수했다. 과거 몇 차례 시행착오가 있었지만, 우리는 GIS가 길고 꾸준한 실적, 견고한 고객 기반, 무엇보다 투자 가치를 증식하기 위해 규모를 확장할 수 있는 플랫폼을 갖춘 회사라고 보았다. 이윤이 높은 업계인 데다 고객과의 관계가 비교적 길게 유지되기 때문이 전망이 좋다고 생각했다. 분야가 세분화되어 있고 유능한 소규모 회사가 대거 포진한 업계이기도 해서 우리는 처음부터 자체적인 성장 뿐 아니라 합병의 기회를 엿보고 있었다.

하지만 GIS를 분석하고 평가하면서 아직 배워야 할 점이 많다는 사실을 알게 되었다. 우리는 이내 업계의 현실에 맞닥뜨렸다. 여전히 설립자가 지배하는 이 회사는 비교적 원만한 성과를 내고 있었지만 급격한 확장이라는 까다로운 과제에 대처할 준비가 되어 있지 않았다. 우리가 투자 목표를 달성하려면 몇 가지 중요한 업그레이드를 꼭

해야만 했다. 놀라운 일은 아니었다. 대부분의 기업은 2, 3년 뒤에 그들이 원하는 위치가 아니라 현재 시장에 처한 위치에 따라 준비와 관리가 되기 때문이다. 대주주인 설립자와 제너럴애틀랜틱의 관계자는 사업 과제를 검토한 뒤 회사가 급속한 성장에 대비할 수 있도록 보다 심층적인 기술 경험을 도입하고 운영을 개선할 수 있는 역량을 갖춘 사람이 필요하다는 데 의견을 같이했다. 우리는 긴 탐색 과정을 거친 끝에 기술에 정통하고 데이터 중심으로 움직이는 가이 아브라모를 고용했다.

우리는 곧바로 인재 관리 프로세스에서 큰 문제에 봉착했다. 포트폴리오 투자에서 한 번쯤 발생하는 현상이다. 사업의 규모를 확장할 때 사업은 성장하는 동시에 변화를 겪는다. 그러므로 리더는 선견지명이 있어야 하고 변화를 주도하고 관리할 수 있어야 하며 혁신을 적극적으로 수용하고 팀원에게 핵심 책임을 부여해야 한다. 또한 경영진에게 명확하게 맡은 바 책임을 완수하게 하고 성과 목표를 달성할 역량이 없는 사람을 교체하기 위해 신속하게 움직여야 한다. 나의 평가 방법론은 무엇이 성공할 것인지, 무엇에 대한 지원과 코칭 또는 교체가 필요한지 파악하는 데 기반을 둔다. 이것이 파트너들이 투자를 혁신하도록 지원하면서 내가 가장 중요하게 여기는 부분이다.

우리가 CEO로 선택한 가이 아브라모는 상황을 앞서서 주도하는 결과 중심적인 사람이었다. 그는 CEO가 되자마자 신속하게 정보를 수집하여 회사의 리더십과 과제, 제너럴애틀랜틱의 투자 논거에 따라 GIS의 규모 확장을 시작할 수 있는 방법을 평가했다. 그는 곧바로 냉정한 결론에 도달했다.

직접 심층 분석을 수행한 지 열흘 만에, 가이는 여러 방해 요소 때문에 오랫동안 핵심 분야에서 거둘 수 있는 성공이 지연되고 있는 회사를 발견했다. 이 회사는 몇 년째 신규 고객을 유치하지 못하고 고객을 서서히 잃어 가고 있었다. 영업 위주의 훌륭한 조직을 갖추었지만 기술력이 약했다. 이 분야에서 기술력은 무척 중요하다. 세계적으로 성장하고 확장하려면 고객에게 더 좋고 빠른 서비스를 제공할 수 있어야 하기 때문이다. 하지만 기술력은 당시 GIS의 아킬레스건이었다. 최고 정보 책임자는 반드시 필요한 업그레이드를 이끌 준비가 되지 않은 것 같았다. 전반적으로 회사의 조직과 운영이 세계적인 대규모 기업에 비해 한참 미흡했다.

한 달 뒤, 가이 아브라모는 제너럴애틀랜틱의 리더십 팀과 피터 무지그에게 자신의 의견을 공유했다. 그의 판단에 따르면 주요 기술 업그레이드와 여러 직무에 대한 강력한 리더십, 잠재적으로 시간이 많이 소모될 수 있는 프로세스에 즉시 수백만 달러를 투자하거나, 규모 확장 및 글로벌 플랫폼을 담당할 합병 파트너를 물색해야 했다. 불확실한 재건 과정 때문에 1년 이상을 허비하고 싶은 사람은 아무도 없었고 모두 파트너를 찾는 일이 가장 매력적인 선택이라는 데 뜻을 모았다.

피터 무지그는 이미 업계와 관련 회사들을 잘 알고 있었기 때문에 인수 가능성을 신속하게 알아차리고 업계를 냉정하게 살펴보고 있었다. 그는 업계의 핵심 주자이자 강력한 합병 후보인 하이어라이트를 발견했다. 1980년대 초반에 뿌리를 내리고 수년간 자체 인수를 통해 성장한 하이어라이트는 업계에서 세 번째로 큰 회사였다. 현재 회사의 소유주들은 다행히도 하이어라이트의 운영과 관련이 없는 문제로 고전하고 있었다. GIS보다 규모가 큰 회사임에도 불구하고 이와 같은 상황 덕분에 회사를 인수할 수 있는 기회가 마련되었다.

치열한 과정을 거친 뒤 제너럴애틀랜틱은 GIS와 하이어라이트의 합병으로 설립된 회사의 지분을 52% 인수했다. 작업에 착수한지 불과 몇 달 만인 2018년 7월에 합병이 완료되었고 새롭게 확장된 사업체의 본사는 사우스캐롤라이나에서 하이어라이트가 있는 캘리포니아 어바인으로 이전되었다. 그렇게 하자 새로운 인재를 채용하기가 수월해졌다. 하이어라이트는 훌륭한 고객층을 확보하고 있었다. 이 회사는 성장 중이었고 GIS보다 더 나은 기술 플랫폼이 있었다. 업계에서도 존경받는 브랜드였다. 제너럴애틀랜틱은 본래 장래가 유망한 회사를 확장하여 가치를 창출하는 데 중점을 둔다. 하지만 이 경우에는 GIS와 하이어라이트의 시스템을 병합할 때 불필요한 중복 사항을 없애고 시너지 효과를 창출해 비용의 상당 부분을 절감할 수 있음을 알게 되었다. 우리는 합병으로 연간 약 3천만 달러를 줄였다.

시작은 좋았으며 가이 아브라모는 재빠르게 캘리포니아 뉴포트 비치에서 우리가 하이어라이트라고 부르는 새로 합병된 회사의 경영진을 대거 소집했다. 가이는 리더십 팀을 만나 협업 정신을 불러일으키고 우선순위를 명확히 설정하여 전달하고 싶어 했다. 그러나 회의를 주관하면서 가이는 큰 충격을 받았다. 뒷날 그는 그때 주위를 둘러보면서 온통 불만족스러운 얼굴에 둘러싸인 느낌이 들었다고 회상했다. 사람들의 표정에는 의심과 혐오가 뒤섞여 있었다. 가이는 그때까지 한 번도 그런 식의 공공연한 적대감을 맞닥뜨린 적이 없었다. 하이어라이트 임원들은 규모가 적은 GIS에 인수되는 일에 대해 우려를 숨기지 않았다. 그들은 GIS가 오래된 하이어라이트처럼 탄탄하지도 않고 하이어라이트와 같은 수준의 능력을 갖추지 못했다고 생각했다. 서로 다른 두 조직을 합쳐 기술 혁신을 일으키는 사업체로 만든다는 과제가 갑자기 훨씬 막중한 업무로 느껴졌다.

가이 아브라모는 상황을 좀 더 분석하면서 그가 물려

받은 하이어라이트에도 규모 확장 프로세스를 방해할 수 있는 몇 가지 중요한 운영상의 결함이 있음을 알게 되었다. 기술 인프라가 세 가지 시스템_{의료 회사용, 해외 고객용, 핵심 플랫폼용}으로 분산되어 있어 업그레이드와 통합이 필요했다. 그들이 새로운 데이터 센터에 2천만 달러 이상 투자하기만 하면 클라우드 기반 시스템으로 전환함으로써 더 저렴하고 우수한 데이터 센터를 세울 수 있었다. 또한 가이는 리더십 팀의 등급을 대폭 업그레이드해야 한다고 생각했다.

더군다나 현재의 인사 담당자는 뉴욕에서 원격으로 근무하기 때문에 어바인 및 기타 지역의 직원과 직접적인 접촉이 거의 없었다. 직원이 3,000명인 사업체에서는 있을 수 없는 문제였다. 관리를 평가하기 위한 효과적인 성과 추적 시스템도 없었다. 가이는 현장에서 일할 새로운 최고 인사 책임자를 영입하기로 결정했다. 회사에서 인재 개발 및 관리의 중요성을 높이기 위해 직위를 전환하고 업그레이드할 수 있는 기회이기도 했다.

가이는 경영진과 리더십 팀에 사업의 규모를 확장하는 데 필요한 지식이나 경험이 없고, 어쩌면 그런 욕구가 없을 수도 있다는 점이 중대한 문제라고 판단했다.

2018년 말, 피터 무지그는 하이어라이트에 대한 철저한 리더십 및 조직 평가를 수행하고, 그의 요구 사항에 대한 명확한 청사진을 개발하여 업무를 진행할 수 있는 계획을 준비해 달라고 내게 요청했다. 피터의 요청에는 리더십 팀 평가, 장·단기 우선순위 검토, 인재 업그레이드가 필요한 위치에 대한 권고, 조직 구조 및 운영 리듬에 대한 평가, 직원 사기에 대한 광범위한 전망이 포함되었다. 고된 작업이었지만 이 평가 결과는 가이가 적절한 우선순위를 정하고 어려운 업무를 수행할 때 우리가 그를 뒷받침한다는 사실을 보장하는 데 도움이 될 터였다.

우리는 가이 아브라모가 또 하나의 결정적인 과제를 수행하도록 도와야 했다. 가이는 임원 교체부터 조직 개편까지 회사의 너무 많은 단점을 동시에 해결하려 하다 보면 사업에 지장을 주어 경영 마비가 초래될까 봐 우려된다고 말한 적이 있다. 우리는 이번 평가를 통해 그가 자신감을 회복하고 변화 속도를 어떻게 따라잡아야 하는지 깨닫기를 바랐다.

하지만 이보다 중요한 문제는 가이가 합병을 한 뒤 사업에 어느 정도 안정을 가져왔을 때만큼이나 앞으로도 운영상의 세부 사항에 주의를 기울이고 우선순위에 집중하며 하이어라이트를 이끌 적임자인지 분석하는 일이었다. 우리는 하이어라이트가 3년 내에 훨씬 크고 국제적인 규모로 성장한다고 예상했기 때문에 CEO는 이를 관리할 수 있어야 했다.

우리는 리더십 팀 멤버 전원을 평가했으며 2019년 3월 평가가 완료될 무렵 엇갈린 결과가 나왔다. 기술, 인적 자원, 수익 성장 및 판매와 같은 영역에서 핵심 인재의 업그레이드가 필요하다는 가이의 판단이 옳았다는 사실도 확인했다.

가이 아브라모에 대한 피드백은 대체로 긍정적이었다. 그의 리더십 팀은 가이가 회사를 발전시키기에 적합한 CEO라고 확신했다. 하지만 우리가 가이에게 조사 결과를 보여 주며 리더십 팀에 대한 비판적인 의견 중 일부를 전달하자, 그는 유용하고 솔직한 피드백이라는 점을 인정하고 거의 3시간에 걸친 브리핑에서 우리의 권고 사항을 정리했다. 가이는 우리가 대부분의 임원들과 최대 2시간 넘게 시간을 보냈으며 우리에게 데이터를 기반으로 한 수백 페이지짜리 분석 결과가 있다는 사실을 알고 있었다. CEO들은 저마다 피드백에 다르게 반응한다. 불쾌해 하는 사람도 있지만 가이는 빠르게 우리의 의견을 수용했다. 그는 개발을 위한 지원과 기회, 제너럴애틀랜틱이 가져온 자원을 높이 평가했다.

우리가 간파한 개선할 점 중 하나는 리더십 팀의 약점과도 관련이 있었다. 가이는 시간이 지날수록 점점 운영상의 사소한 문제에 깊이 파고들었다. 작업 속도는 빨랐지만 그날그날의 문제에 너무 깊이 관여했다. 우리는 그가 업무 방식을 바꾸어야 하며 직접 보고하는 직원 수를 절반으로 줄여야 한다고 생각했다. 가이는 합병 직후 사업이 불안정해지는 경향이 있기 때문에 깊이 몰입할 필요가 있다고 느꼈지만, 우리는 그의 근시안적인 운영 스타일 때문에 훨씬 큰 전략 목표에 할애하는 시간이 부족하다고 설명했다.

그는 고정 비용을 창출해야 했고 리더십 팀에 더 많은 책임을 양도하며 성과에 대한 책임을 물을 수 있는 시스템을 마련해야 했다. 이 시스템을 활용하면 앞으로 그는 제품 플랫폼 개발, 주요 고객 회의 시간 투자, 국제적 확장 작업과 같은 큰 사업 목표를 개발하는 데 더 많은 시간을 투자할 수 있게 된다. 우리가 하이어라이트를 상장하면 그는 공공 기업 관련 사안에 더 많은 시간을 할애해야 한다.

하이어라이트에서는 대규모 전환이 진행 중이었다. 우리는 두 회사를 병합하여 일부 관리자의 심기를 불편하게 하기도 했지만 대부분의 경영진은 CEO로서 가이의 장점을 높이 평가하는 것 같았다. 회사의 실적은 대체로 좋았지만 계획대로 가치를 크게 늘리는 데 필요하다고 판단되는 조직 구조나 운영 리듬이 없었다. 일부 핵심 인력을 고용하고 기술 업그레이드에 힘을 써야 했다.

기업 문화에 대해서도 생각해야 했다. 가이와 피터 두 사람 모두 과부하를 겪고 있는 시스템에 여러 명의 새로운 리더를 투입해서 억지로 많은 변화를 강요하는 사태가 생기지 않을까 우려하고 있었다. 그러나 나는 앞으로 나아가는 것보다 능력이 평범한 사람을 중요한 자리에 그대로 두는 쪽이 더 위험하다는 결론을 내렸다. 망설일 필요가 없었다. 기다릴수록 더 많은 시간이 허비될 테고 가치를 증가하기 위해 규모를 확장하려는 우리의 목표를 달성하는 일이 더 어려워질 것이다.

나는 매출 증대, 글로벌 기술 플랫폼 개발, 효율적인 운영 인프라 구축이라는 세 가지 주요 사업 우선순위를 기준으로 평가했다.

이 우선순위를 달성하려면 최고 수익 책임자, 최고 제품 책임자, 운영 책임자가 필요했다. 이보다 중요한 자리는 이러한 인력 탐색에 대한 지원을 제공할 뿐만 아니라 가이가 강력한 리더십 팀을 형성하고 새로운 리더를 동화 및 합류시켜 성과가 뛰어난 인재를 만드는 문화를 마련할 수 있도록 돕는 CHRO였다. 유능한 CHRO라면 사업 성과에 상당한 영향을 미치고 여러 부서 간의 협업을 강화할 수 있을 것이다.

우리는 가이가 CHRO를 검색하는 과정을 지원했다. 그의 선택과 선택이 작동하는 방식을 통해 새로운 역할 모델에 대한 내 자신의 견해를 재확인하고 정리할 수 있었다. 최고 인사 책임자인 CHRO는 사일로 방식으로 작동

하는 고립된 유형의 관리자가 아니라 기업의 전체 성과를 좌우할 수 있는 인물이어야 했다

가이는 직원별 능력을 관리하는 것 이상의 업무를 수행할 CHRO가 필요하다는 데 동의했다. 그의 팀과 원활하게 의사소통하면서 리더십 팀을 충분히 지원할 수 있는 믿음직한 조언자 겸 협력자가 필요했다. 리더십 팀 내에서 윤활유 역할을 하여 팀원들이 서로를 이해하게 하고, 전략 목표를 추구하는 과정에서 동기화가 잘되도록 만들며, 정보를 효율적으로 교환하고, 성과에 대해 책임질 줄 아는 사람을 원했다. 가이는 거의 6개월 만에 지원자 중 최종 후보를 4명으로 좁혔다. 모두 우수한 후보였지만 가이는 이전에 VIZIO에서 일했으며 DIRECTV에서 성공적인 변화 관리에 큰 역할을 한 가장 어리고 경험이 부족한 여성 첼시 피르젠스키Chelsea Pyrzenski에게 끌렸다. 그는 첼시와 깊은 유대감이 생겼다고 느꼈다. 그녀가 평가에 솔직할 것이고 인사팀 리더의 낡은 모델에서 벗어날 수 있는 적임자라고 생각했다.

실제로 그녀는 인적 자원의 기존 관리 직무에 할애하는

시간을 줄이는 동시에 리더십 팀에 보다 강력한 의사소통과 결속력을 보장하고, 성과를 추적하고, 인재 개발을 강화하고, 인재 파이프라인을 구축하며, 인사팀이 리더십 팀의 주요 사업 파트너로 전환하는 데 많은 시간을 투입했다. 첼시가 한 모든 일은 효율성을 높이기 위한 것이었다. 그녀는 인사팀 직원의 약 3분의 2를 교체 및 업그레이드하고 새로운 직원 보상 프로그램을 개발했으며 현재 정기적으로 직원들의 업무를 모니터링하고 있다.

첼시는 가이의 리더십 팀에 변화를 불어넣겠다는 굳은 결심에 따라 업무를 추진했다. 이는 신뢰를 구축하려는 노력에서 시작되었다. 그녀는 자신이 가이와 연결된 단순한 파이프라인이 아니라 편견 없는 청자라는 점을 경영진에게 설득시켜야 했다. 주요 관심사는 성공적인 사업 성과였으며 경영진의 기여도를 높이고 목표 달성을 돕는 데 능숙하다는 점을 명확히 밝혔다. 그녀의 이런 노력이 경영진에게 믿음을 주면서 서로 간에 차차 신뢰가 쌓이게 되었다.

첼시는 가이와 함께 시간을 보내면서 팀원들이 서로 협력하는 결속력 강한 팀을 만들기 위한 방안을 모색했다.

경영진이 회의 시간이 짧고 특정 안건에 너무 집중하는 경향이 있다는 우려를 표했을 때 그녀는 가이와 협력하여 특정 안건에 대한 관심을 줄이고 사업상의 주요 우선순위와 문제 해결에 더 많은 시간을 투자하려 애썼다. 가이가 소통하고 있다고 믿었던 것과 그의 리더십 팀원들이 들은 내용에는 차이가 있었다. 첼시는 그 차이점을 가이에게 설명하고, 어떻게 하면 그의 생각을 더 효과적으로 리더십 팀에 전달하여 팀원들의 이해를 돕고 주인 의식을 강화할지를 그에게 설명했다.

첼시는 조직 내 인재 발굴을 강화해야 한다고 강조했다. 각 리더십 팀원들과 협력하여 그들이 각자 업무에서 하는 주요 역할을 파악하고, 잠재적인 차이 및 개발이 필요한 영역을 점검하게 했으며, 해당 역할을 소화할 수 있는 인재를 영입하고 보유하기 위한 전략을 개발했다.

그녀는 조직 문화를 구축하고 개선하는 데도 적극적으로 임했다. 가이와 함께 의사소통 방식을 개선하여 회사의 전략, 우선순위, 미션 및 비전이 제대로 전달되고 직원들이 확실하게 이해하도록 했다. 덕분에 그녀가 입사한 뒤

eNPS^{Employee Net Promoter Score, 고용주가 조직 내 직원 만족도와 몰입도를 측정할 수 있도록 설계된 평가 시스템} 점수가 33% 향상되었다. 리더십 팀의 자신감이 높아졌고 사람들은 업무를 수행할 수 있는 자원과 도구가 있다고 느꼈으며 투명성이 향상되었다.

일반적으로 CHRO는 내부 일에 집중하며 대부분의 시간을 보낸다. 하지만 앞으로의 CHRO는 더욱 외부 지향적으로 변해야 하며, 경쟁사에서 사람과 조직의 역량을 벤치마킹하고 인재 풀을 적극적으로 구축하며 조직의 경계를 넘나드는 인재를 활용하는 방법을 배워야 할 것이다. CHRO가 인력 관리라는 단순한 역할에서 벗어나 미션 수행에 필수적인 우선순위 이면에 있는 인재 및 조직 역량 양성에 집중할수록 사업은 더 크게 성장할 것이다.

2019년 하이어라이트는 핵심 플랫폼의 설계를 마치고 고객을 해당 플랫폼으로 이동시켰다. 판매 및 마케팅 역량을 구축하여 2020년 1분기에는 역대 최고의 실적을 달성했다.

코로나 팬데믹 때문에 경제가 위축되고 고용이 침체되는 등 대부분의 회사가 큰 타격을 받았다. 가이 아브라모는 다가오는 변화를 감지하고 조직의 규모를 적절하게 조정하면서 판매 수익을 유지하기 위해 재빠르게 움직이는 동시에 우수 고객을 더 많이 확보할 수 있는 역량을 구축했다. 이사회와 나눈 대화에서 우리는 가이가 일 년 내내 뛰어난 리더십과 자신감을 보여 주었고 팀을 하나로 결속하게 했음을 알게 되었다. 코로나 시기에 의사소통을 개선하고 직원의 안전을 보장할 뿐 아니라 조직원의 복지에도 중점을 두어 직원의 사기를 지속적으로 향상시켰다. 하이어라이트는 계속해서 확장에 박차를 가할 것이며 두 자릿수 성장을 기대하고 있다.

하이어라이트

램 차란

사업의 규모를 확장하거나 가치를 증식하는 데 필요한 능력이 없을 때는 창의력을 발휘해야 한다. 하이어라이트의 경우 두 기업을 합병하는 데서 여러 불협화음이 생겼다. 인수 과정에서 발생하는 여러 가지 문제를 해결하는 데에도 창의성이 필요하다.

• 합병 몇 달 뒤 피터 문지크와 가이 아브라모는 아니쉬를 찾아와 회사의 인재 전략을 개발하는 일이 가치가 있을 것이라고 말했다. 합병의 복잡성을 감안했을 때 너무 빠르게 움직이면 회사가 흔들릴 위험이 있었

지만 빠르게 움직이지 않으면 결코 투자 목적을 달성할 수 없을 터였다. 가이는 이런 상황을 완벽하게 이해했다. 믿을 수 없을 정도로 빨리 움직였고, 결과를 중심으로 행동했으며, 올바른 가치 창출 수단을 총동원했다. 가이는 12달 내에 4개의 플랫폼을 재정비하여 하나의 플랫폼으로 통합한다는 불가능해 보이는 임무를 성공시켰다.

- 피터와 이사회는 하이어라이트에 공개 기업이 될 잠재력이 있음을 알았다. 이는 곧 가이에게 힘을 실어 줄 리더가 필요하다는 뜻이었다. 그렇게 해야만 그가 위기에서 빠져나와 전략적으로 행동할 수 있을 뿐 아니라 공개 기업 CEO로 자리 잡을 수 있을 터였다. 공개 기업 CEO는 시간의 최대 20%를 투자하여 공개 기업 사안에 집중해야 한다. 가이는 시간당 100마일로 끊임없이 달리는 대신 적절한 리더를 찾아 임무를 위임할 수 있었다.

- 오랜 CHRO 경력을 쌓지 않아도 회사의 시가 총액에 기여하는 CHRO가 될 수 있다. 가이는 조직에 필요한 변화를 만들어 낼 수 있다는 믿음을 주는 젊은 인재 첼시를 채용했다.

리더십 팀이 CEO가 집중하기를 바라는 업무의 주요 영역을 갈고 닦을 수 있게끔 만드는 능력을 갖추었다는 점에서 첼시는 탁월했다. 첼시는 전형적인 CHRO의 틀에서 벗어나 행정 업무에 적은 시간을 투자하는 한편 리더십 팀이 신뢰를 쌓고 효율적으로 협업하여 의사소통을 원활하게 하는 데 업무 초점을 맞추었다. 그렇게 함으로써 그녀는 CEO가 더욱 영향력이 큰 항목에 투자할 시간을 확보했다.

성공적인 CEO의 정수는 가시적이고 측정 가능한 사업 성과에 공헌하는 것이다.

TALENT

결론

결론

적절한 자리에 적당한 인재를 배치하면 시가 총액이 크게 증가한다는 사실은 당연한 이치이다. 수백 년 동안 변치 않는 진리이며 지금도 바뀌지 않고 앞으로도 그럴 것이다. 그렇다면 왜 누군가는 실패하고 누군가는 눈부신 성공을 거둘까? 왜 누군가는 단기적으로는 성공하지만 장기적으로 실패하고 마는가? 어떻게 하면 장·단기 모두에서 성공할 수 있을까? 여기에 적합한 인재 모델이 그저 프로세스만은 아니라는 비밀이 숨어 있다. 가치 창출을 위해 인재를 활용하려면 전통적인 인사 관행을 바로잡아 핵심 인재 결정에 대한 책임감과 초점을 강화해야 한다. 내게는 경력 전체에 걸쳐 이러한 관점을 배우고 실천할 기회가 있었다. 어떻게 나는 이런 기회를 얻게 되었을까?

나의 직업적 이력을 형성하는 데 중요한 경험 중 하나는 2000년 제약 회사인 노바티스 인터내셔널 AG에 들어갔을 때 생겼다. 회사의 인재 관련 책임자로 일을 시작하게 된 직후였다. 나는 카리스마가 넘치는 CEO 다니엘 바셀라Daniel Vasella와 함께 앉아 나의 우선순위와 계획에 대해 논의했다. 그 뒤 우리는 짧게 담소를 나누었는데, 그가 갑자기 분명 그를 오랫동안 괴롭혀 왔을 문제에 대한 의견을 불쑥 꺼냈다.

"내게는 2만 명의 직원이 있네. 하지만 인재가 어디 있는지 모르겠군."

그의 말은 내게 강렬한 인상을 남겼고 수많은 대기업 CEO가 그와 비슷한 고민을 할 것이라는 확신이 들었다. 직원 수에 대한 데이터나 이력서 세부 사항을 접하기는 쉽지만 장차 사업에 큰 힘이 될 인재의 잠재력을 미리 알아보기란 대단히 어렵다. 다니엘 바셀라는 점점 치열해지고 빠르게 변하는 시장에 적응하면서 성장하기 위해서는 리더를 찾아 개발하는 능력이 중요하다는 사실을 알고 있었다. 하지만 그에게는 이를 실행에 옮길 적절한 도구나 데이터가 없었다.

다니엘 바셀라의 주장은 인적 자본 관리 현황을 냉철하게 분석한 결론이다. 다니엘 바셀라는 노바티스의 성장을 이끌기 위해서는 적절한 자리에 적절한 수의 유능한 사람들을 배치하는 것뿐 아니라, 잠재력이 높은 인재를 끊임없이 육성하고 도전하게 할 수 있는 시스템이 필요하다고 강조했다. 그는 내게 회사의 인재 프로그램을 재정의하고 우수한 성과를 달성할 미래 리더의 파이프라인을 구축하는 임무를 맡겼다.

이 권한과 노바티스에서 한 경험이 내 업무 이력과 근본 철학에 큰 영향을 끼쳤다. 다니엘 바셀라는 노바티스가 고위층 인재를 지나치게 외부에 의존하고 있다고 했다. 그는 자신의 담대한 목표를 뒷받침하기 위해 강력한 내부 인재 파이프라인을 구축해야 한다고 생각했다. 다니엘 바셀라는 어쩌다 한 번씩 실적이 강한 시기가 오는 것을 원치 않는다고 말했다. 매년 생산적인 성과 기록을 내고 싶어 했으며, 그에게는 이를 달성할 우수한 인재와 강력한 인재 엔진이 필요했다.

나는 노바티스에서 각 부서 CEO와 협력하며 잠재력이 높은 사람을 영입하여 성과에 장·단기적 영향을 끼칠 인재 프로그램의 개발을 도왔다. 노바티스에 있는 동안 나는 통합적이고 지속적인 방식으로 조직 전체가 '인재에 대해 이야기하도록' 돕기 위한 접근법 및 잠재력이 높은 인재를 찾아 멘토링하는 등 인재를 개발하기 위한 다양한 프로그램을 만들었다. 우리가 개발한 치밀한 관리 프로세스는 프로그램 참여자의 기술을 강화하고 사기를 고취시키며 주요 직위를 채우기 위해 활용할 수 있는 탄탄한 인재층을 제공했다.

우리가 개발한 인재 전략은 회사와 회사의 성과에 광범위한 영향을 끼쳤다. 프로그램을 시작했을 때는 공석인 고위 경영진의 약 70%를 외부에서 채웠다. 우리가 실행한 프로그램은 그 비율을 뒤집는 데 도움이 됐고, 해당 직위의 대다수를 내부 후보자로 채울 수 있게 했다.

점차 우리의 인사 프로그램에 관한 소문이 퍼졌다. 우리의 CEO 멘토링 프로그램에 참여하여 급속도로 성장한 사람들은 성과가 뛰어난 인재를 원하는 다른 기업들의 열띤 관심을 받게 되었다. 프로그램의 참가자들 중 적어도 18명이 다른 회사의 CEO로 고용되었고, 노바티스는 CEO 배출 양성소가 되었다.

이러한 경험은 인재가 가치 창출의 주요 엔진이자, 평범한 회사와 탄탄한 사업체를 구별 짓는 주요한 요인이라는 시각을 형성하는 데 도움이 되었다.

우수한 성과를 내는 조직을 운영할 때 수반되는 스트레스와 압박 속에서 항상 이 진실을 따르기는 쉽지 않다. 하지만 이와 같은 철학은 제너럴애틀랜틱 깊숙이 파고들었고, 우리의 CEO 빌 포드가 규칙적으로 이 점을 강조했다.

제너럴애틀랜틱의 인재 전략은 인재의 가치를 거듭 증명해 왔다. 지금까지 읽은 사례 연구는 이 방법론이 일상의 고군분투 속에서 어떤 효과를 발휘하는지 보여 준다.

또한 우수한 인재를 영입하는 일이 대단히 중요하지만 그들이 능력을 발휘하기에 적합한 인센티브와 환경을 마련하는 것도 그만큼 중요하다는 사실을 일깨워 준다. 빌 포드와 알렉스 고르스키가 강조하듯이 성장형 CEO는 우수한 팀을 구축한다. 인재에 대한 기준을 높이기 위해 정기적으로 리더들을 평가한다. 이들이 과거에 얼마나 성과를 거두었는지 뿐 아니라 미래의 과제를 해결하기 위한 준비가 얼마나 되어 있는지도 점검한다. 항상 사업을 최우선으로 생각하며 과거 성과가 높았던 경영진도 미래의 성장에 필요한 요구 사항을 충족하지 못할 때는 과감하게 결별한다.

효율적인 성장형 CEO의 또 다른 결정적인 자질이 자기 인식이라는 점도 중요하다. 우수한 리더는 자신의 강점뿐 아니라 한계를 파악하고 있으며, 새로운 기회를 포착하기 위해 사업이 진화해야 하는 방식을 이해하고 새로운 아이디어를 열렬히 환영한다. 오크스트리트헬스의 잠재력 높은 CEO 마이크 파이코츠에게서 가장 눈에 띄는 특징이기도 했다. 마이크와 그의 공동 창립자들은 컨설팅 업계

출신이었고 운영 경험이 제한적이었다. 마이크는 자신의 한계를 잘 알고 있었다. 내가 제너럴애틀랜틱의 회의실에서 마이크를 처음 만났을 때 그는 그의 리더십 팀과 인재 전략을 개발하는 데 나의 도움을 받을 수 있어서 기쁘다고 말했다. CEO는 충고를 받아들이는 일을 불편해 할 수도 있지만 마이크는 열정적이고 개방적이었다. 나는 그에게 발전에 대한 투자를 과소평가하지 말라고 당부했고 그는 내 충고를 기꺼이 받아들였다. CEO는 회사만큼 빠르게 성장해야 하며 회사를 앞서가야 한다.

현재의 경제 상황을 돌아볼 때 미국 및 전 세계 경제가 코로나19 팬데믹의 비극과 트라우마에서 벗어나면서 앞으로 몇 년 동안 전략적 인재 관리가 훨씬 중요해질 것으로 보인다. 우리가 직면할 새로운 시기는 분명 유례없는 기회와 좌절의 여정이 될 것이다. 또한 성과가 높은 인재를 유치하고 영입하는 혁신적인 방법을 찾는 일이 가치 창출의 엔진이자, 평범한 성과와 우수한 성과를 판가름하는 열쇠가 될 것이다.

현재 경제 상황으로 볼 때 이런 추세는 앞으로 좀 더 강화될 것이다. 셧다운의 무게에 짓눌린 소비는 정부의 경기 부양책이 활성화되면서 폭발적으로 급등할 것이다. 이미 살펴보았듯이 경제 활동의 모든 영역에 코로나19의 여파가 미치고 있다. 공급망이 압박받아 재정상 막대한 위기가 형성되었다. 민첩하고 상상력이 풍부한 훈련된 인재는 이런 환경에서 차이를 만들어 낼 것이고, 이 차이가 어떤 사업에서 거둘 성공을 결정짓게 될지도 모른다.

제너럴애틀랜틱의 공동 사장이자 투자 위원회장인 마틴 에스코바리Martin Escobari는 이렇게 말한다.

"팬데믹이 창출한 세계적인 혼란은 사업이 직면한 혼란의 속도를 앞당기는 사례일 뿐이다. 우리는 세계적 통합과 파괴적인 기술의 장점을 이미 경험했지만 여기에는 새로운 위험도 따른다. 팬데믹과 같은 파괴적인 사건이나 소셜 미디어나 분산 금융 같은 기술의 확산은 회사의 입지를 하룻밤 사이에 극적으로 바꿀 수 있다. 혼란이 거듭 발생하는 세상에 대처하기 위해서 회사는 부단히 성장해야 한다. 성공적인 성장에는 새로운 인재 전략이 필요하다."

앞으로도 인재 전쟁은 점점 치열해질 것이다. 높은 성

과를 내는 리더는 어느 때보다 큰 관심을 받을 것이다. 인재를 모집하고 보유하는 일은 점점 어려워질 것이며 그렇게 하기 위해 더 많은 비용을 치르게 될 것이다.

과거 인재 영입의 목적은 특히 보수적인 견해를 가진 기업가들에게 있어 앞으로 자신이 맡을 역할을 수행한 적이 있으며, 입증된 경험을 갖추고 있어 경영진에게 거짓 안정감을 제공하는 후보자를 찾는 데 있었다. 하지만 인재 경합이 점점 치열해지고 혁신과 파괴의 속도가 증가하는 오늘날의 리더는 크게 발전할 잠재력이 있는 인재를 고용하고 유지하며 개발하는 법을 학습해야 할 것이다.

다시 말해 기업은 잠재력에 승부를 걸어야 한다. 인재를 평가하고 아직 드러나지 않은 가능성을 인식하는 데 능숙해져야 한다는 뜻이다.

막강한 리더십 팀을 구축하는 일은 앞으로의 사업 성과에 무척 중요하다. 기업은 속도와 정확성에 집중해야 하며 인재를 영입하면서 강점을 개발해야 한다. 또한 회사 내부에 탄탄한 인재 파이프라인을 마련해야 한다. 최고의 인재 중 일부는 내부에서 채워야 한다. 이를 위해서는 내가 노바티스에서 개발했던 것과 유사한 체계적인 프로그램이 필요하다. 내부 인재를 평가하고 교육시켜 중요한 기회가 생겼을 때를 대비하게 해야 한다.

그리고 이런 인재는 과거에 존재했던 리더의 복사본이 되어서는 안 된다. 우리 삶의 모든 영역에 영향을 미치는 지식 경제 시대에 사업 가치를 몇 배로 늘리기 위해서 리더는 과거보다 광범위한 분야의 기술을 갖추어야 한다. 전 세계가 네트워크로 연결된 세상에서 내부뿐 아니라 경계와 규율을 뛰어넘어 다른 조직 및 파트너와 협업해야 한다. 차세대 리더는 모호함에 민첩하고 능숙하게 대응하고 시대에 앞서 예측하는 능력을 개발해야 한다. 그 어느 때보다 빠른 속도로 배워야 하고 혁신과 변화의 원동력이 되어야 한다.

위대한 리더를 정의하는 자질이 진화하는 만큼 위대한 팀을 정의하는 자질 역시 진화해야 한다. 리더십 팀은 보다 광범위하고 다양해져야 하기 때문에 고용의 법칙을 새로 써야 한다. 리더십 팀은 보다 유동적으로 변해 상호적인 관점과 기술은 물론 다채로운 관점과 배경을 받아들여야 한다.

　성공하기 위해서는 회사가 인재 관리의 핵심 역할과 그 필수 요소가 진화하는 방식을 인식하고 이에 대비해야 한다.

　이 책을 통해 지금부터 당신의 인재 전략을 준비하라!

탤런트

성과 높은 인재가 시가 총액을 좌우한다

초판 1쇄 인쇄 I 2022년 2월 25일
초판 1쇄 발행 I 2022년 3월 7일

지은이 I 램 차란, 아니쉬 뱃로
옮긴이 I 신예용

발행인 I 고석현
발행처 I ㈜한올엠앤씨
등 록 I 2011년 5월 14일
편 집 I 정내현
디자인 I 전종균
마케팅 I 정완교, 소재범, 고보미

주 소 I 경기도 파주시 심학산로12, 4층
전 화 I 031-839-6804(마케팅), 031-839-6811(편집)
팩 스 I 031-839-6828
이메일 I buzmap@naver.com
ISBN I 978-89-86022-50-6 03320